ANDREA VITULLO   RICCARDA ZEZZA

## MAAM

# LA MATERNITÀ È UN MASTER
#### CHE RENDE PIÙ FORTI UOMINI E DONNE

BUR Rizzoli   varia

Pubblicato per

da Mondadori Libri S.p.A.
Proprietà letteraria riservata
© 2014 RCS Libri S.p.A., Milano
© 2016 Rizzoli Libri S.p.A. / BUR Rizzoli, Milano
© 2018 Mondadori Libri S.p.A., Milano

ISBN 978-88-17-07618-0

Prima edizione BUR: 2014
Sesta edizione BUR Varia: luglio 2023

Realizzazione editoriale: studio pym / Milano
Progetto grafico: Andrea Q / studio pym

*Seguici su:*

www.rizzolilibri.it    /RizzoliLibri    @BUR_Rizzoli    @rizzolilibri

# MAAM
# LA MATERNITÀ È UN MASTER

CAPITOLO 1
# Essere manager, e non saperlo

*Dove si scopre che con un bambino entra in casa una scuola di management (e non ne esce più)*

In questo libro raccontiamo una storia: la storia più antica del mondo, quella della maternità. Ma, soprattutto, raccontiamo la sua evoluzione: come la principessa delle favole che non dorme più ma scende in campo e combatte, così **oggi la mamma sembra avere tutte le doti necessarie per cambiare, in meglio, il mondo del lavoro**. Calore umano, agilità mentale, voglia di far vincere tutti. Doti che a casa ci sembrano naturali, sul lavoro diventano preziose, inestimabili agenti di cambiamento. Proprio quelli che le organizzazioni sembrano cercare dappertutto, senza accorgersi di averli già al loro interno.

La maternità, con tutte le sue meraviglie e ombre, ci conferma così qualcosa di molto interessante... che tutti già sappiamo: il nostro modo di lavorare deve cambiare. Ci sono regole del gioco da buttare via per fare spazio, per vedere, per far succedere altro. Per essere felici in ogni momento della vita, senza sacrificarne uno per averne un altro.

Questo cambiamento di paradigma riguarda le donne e gli uomini, con figli e non. Ci coinvolge tutti. Possiamo partire dall'esperienza della cura per cambiare il mondo. E il lavoro in particolare.

Così com'è il mondo non funziona più e ha bisogno di essere

"riparato". Per farlo, possiamo partire da qualcosa di sostanziale: dalla vita, dalla nascita, dall'inaspettato. **Buttiamo via le vecchie regole, inventiamo qualcosa di nuovo.**

Questo è un libro dedicato alle mamme, che desiderano dare di più all'economia e alla società e vogliono liberarsi dei confini stretti che si trovano cucite addosso.

È un libro dedicato ai papà, che vivono le discriminazioni all'incontrario e si chiedono come uscire dal formato di "papà part time".

È un libro dedicato ai datori di lavoro, che hanno il dovere e la grande opportunità di attingere a competenze non riconosciute ma già disponibili e tutte da mettere in gioco.

Non è un libro "comodo": non va solo ad "aggiustare" ciò che non funziona. È un libro che invita a ripensare, a ripensarci, ad andare oltre: donne, uomini, al di là delle distinzioni di genere. Oltre gli stereotipi personali, professionali, familiari. A riconquistare, per noi e per le nostre vite, il senso del possibile, di quel che possiamo far accadere se solo lo vogliamo.

## La maternità oggi e i risultati sorprendenti di una ricerca

Mamma e manager, due ruoli contrapposti? Due aspetti della vita così importanti sono davvero inconciliabili tra di loro, in eterna competizione per la nostra testa e il nostro cuore?

Cresciamo pensando che occuparsi dei figli e realizzarsi pienamente sul lavoro siano strade in conflitto, che non si possono percorrere entrambe. Ogni donna finisce così col convincersi che a un certo punto della sua vita si troverà di fronte a una scelta: la famiglia o la carriera.

Ma oggi le scienze biologiche, le scienze umane, e non da ultimo i dati statistici, raccontano un'altra storia: molto più bella e destinata ad avere un lieto fine.

In queste pagine racconteremo come diventare genitori può fornire competenze e risorse capaci di renderci più forti, autonomi e determinati.

Dei veri leader, a casa tra figli, famiglia, tran tran quotidiano, e in ufficio, tra colleghi, pressioni, passioni e quei luoghi di comunità, ma a volte anche di "nevrosi collettive", che possono essere gli open space.

Perché la maternità è un valore aggiunto che le aziende dovrebbero conoscere e usare, nella sua capacità di moltiplicare competenze ed energie. E potrebbe essere vissuta dalle donne e dai datori di lavoro come un periodo di crescita e aggiornamento professionale.

**Nel terzo millennio la maternità è diventata una scelta impegnativa, quasi di sfida, tutt'altro che "naturale".**

In realtà la natura continua a chiamare, ma le rispondono dati scoraggianti, su maternità e impiego, sulla carenza di servizi, su una cultura diffusa che vede nel diventare genitore soprattutto un azzardo, in particolare per chi lavora. Un inevitabile rallentamento, quando non la fine della carriera, con la rabbia che sale al pensiero di aver studiato e lavorato, e magari anche sognato di cambiare un po' il mondo con il proprio lavoro, per ritrovarsi imprigionati in un part time che è nella testa dei nostri capi ancora prima che nei loro orologi. La scelta si fa così ogni giorno più difficile e più incerta, oltre che ingiusta: tra essere genitori ed essere cittadini a pieno titolo del mondo del lavoro.

La tendenza sembra essere drammaticamente verso la seconda opzione. In Italia, per esempio, si fanno sempre meno figli: secondo la Banca Mondiale ci collochiamo al 205° posto su 226 Paesi per tasso di fertilità, con appena 1,4 figli per donna. E a casa? Anche a casa, la maternità è un'incognita. Una donna si domanda se saprà affrontare "the big one": il cambiamento che tocca ogni aspetto della vita, non ne lascia intatto nemmeno uno.

Lei stessa non sarà più come prima: dovrà reagire alle pressioni, spesso contrastanti, che arrivano dall'esterno e dall'interno. Ma alle donne, si sa, piace "arrivare preparate". A scuola, al lavoro, nella vita. Le librerie sono piene di manuali su come fare la mamma: come partorire, come allattare, come far dormire, come educare, come non impazzire.

Ti spiegano che se sei stanca è perché stai "fabbricando" le ciglia del bambino. Che la nausea sono sempre le ciglia a provocarla, solleticando la placenta. Che allattare sarà complicato, probabilmente doloroso se non si sa esattamente come disporre la bocca del pargolo. Una futura mamma oggi impara così, in mancanza del "cerchio magico" di donne che un tempo queste cose le tramandava a voce, e di certo incutendo molta meno paura. È sola davanti alla maternità. Che si ripete uguale da millenni ma che oggi trova le donne più impreparate che mai.

Eppure avviene anche qualcosa di felicemente inaspettato, ancora prima del parto.

L'imminenza del cambiamento, l'incertezza assoluta su quel che sarà, riattivano parti della mente che da tempo non venivano utilizzate. **Si ricomincia a "imparare"**. Ad ascoltare, a essere curiose, a indagare un mondo che un attimo prima sembrava quasi del tutto noto.

Il cervello si rimette in moto, come a scuola. Come negli anni in cui i segni sulla carta diventavano magicamente parole, i numeri elementi legati in modo misterioso, e ogni giorno c'era qualcosa di nuovo da scoprire. Succede ai nostri figli. Succede alle gestanti di qualsiasi età: la trasformazione che attraversano è totale e richiede che si reimpari tutto daccapo.

E naturalmente il corpo, in questa trasformazione, si fa sentire. Purtroppo, la nostra società non ci insegna ad avere un rapporto naturale col corpo. Soprattutto per le donne: bellissimo, da esibire, o imperfetto e da nascondere. Senza domandarsi a che cosa servano tutte quelle componenti così perfette e sofisticate, e i cicli, gli umori, le maree. Con la gravidanza ogni cosa acquista un senso. Alcune parti crescono, altre si ammorbidiscono, tutto serve.

**La donna, da una, diventa due persone, nello stesso corpo.**

La macchina si mette in moto per fare la cosa per cui è stata programmata. Un attimo dopo la nausea, arriva il senso di onnipotenza. Essere artefici non più soltanto del proprio destino, ma determinare con ogni singola azione le sorti di un altro essere vivente, rende la donna improvvisamente forte. Si trova a vivere un'intimità con se stessa e con il proprio senso di esistere che è un dialogo tutto interiore, probabilmente impossibile da condividere appieno con chiunque.

Quest'intimità si traduce in una solitudine che non è isolamento ma "senso dello scopo", e fa preparare il territorio. L'aspetto più evidente è il "nesting": la creazione del nido. Così forte è l'istinto primordiale a costruire una zona sicura per la prole, che la gestante diventa maestra di alleanze con parenti e amici e trascina tutti a comprare mobili, corredi, a volte anche case. Irresistibile. La sua determinazione proviene dalla certezza che è lei a custodire la vita che arriva. Questo la mette in una posizione totalmente nuova: sotto sguardi diversi, diventa una donna adulta.

Così, forse proprio il fatto di aver perso quella comunità spontanea che aiutava le nostre nonne e bisnonne ad affrontare in modo naturale l'arrivo di un bambino, ci dà oggi l'opportunità unica di sperimentare con la maternità l'emergere di una condizione di leadership che in nessun'altra circostanza della vita è altrettanto necessaria.

> *Sole, ma più forti e determinate, nel bisogno di creare uno spazio sicuro di fronte all'incertezza, le future madri diventano "natural born leaders". Solo che non lo sanno.*

E non possono saperlo perché, intanto, intorno a loro i segnali vanno tutti in direzione opposta. In ufficio le responsabilità diminuiscono, giorno dopo giorno. Sempre più spesso ci si dimentica di invitarle alle riunioni o inserirle nelle email. La prospettiva della lunga assenza e di un rientro comunque "minorato" da allattamenti, nuove priorità e malattie del pupo spinge la micromacchina economica che le circonda a espellerle per gradi. E quando ancora sono in ufficio, mentre nell'altra parte della loro vita stanno mettendo insieme risorse ed energie che ne farebbero delle super professioniste. Risorse ed energie che, non viste, non percepite, non messe a frutto, scompaiono. Perché il condizionamento ambientale può ancora più di tutto il resto: **"Quello che succede alla madre dipende dalla sua personalità, dai suoi obiettivi e dal contesto in cui cresce il proprio bambino"**.[1]

Non lo sanno perché anche la più formativa delle esperienze come la maternità resta solo un semplice fatto della vita se non viene guardata e interpretata con gli strumenti adatti.

Ma basta un cambio di contesto, e un momento della vita diventa un'esperienza di leadership. Basta "sapere" alcune cose perché lo sguardo cambi e, affrontando la realtà in modo diverso, cominci a trasformarla.

È in questo modo che noi esseri umani evolviamo nel pensiero e nei comportamenti: avviene tutto nelle nostre menti, il mondo esterno segue. Se nella mente della donna la gravidanza è faticosa, solitaria, fonte di incertezza lavorativa, qualunque potenziale di crescita e di forza si scontra con una gabbia imbattibile, che lo imprigiona. E alla fine lo annulla.

Vi siete mai chiesti perché non si siano mai indagati segni di leadership nella maternità? Delle madri non si è mai parlato come di "leader naturali". I media e l'opinione pubblica, le tendenze, il web: dove si parla e si legge, alla maternità si associa la creazione, la vita, ma anche la pesante e continua, quasi automatica, esclusione delle madri dal capitale economico del Paese. Quindi la loro svalutazione in termini di "capitale umano", visto che anche questo viene misurato secondo la "produttività". E una donna finisce col valere la metà di un uomo.[2]

Eppure la leadership materna emerge prepotentemente non appena si analizza lo stile di leadership femminile.

È successo con una ricerca del Wellesley Centers for Women nel 2001.[3] L'obiettivo era indagare le caratteristiche femminili della leadership su un campione di donne di potere americane. La ricerca non prevedeva capitoli né domande sul tema della maternità. Ma la maggioranza delle intervistate ne ha parlato così tanto da obbligare gli intervistatori a dedicarvi un report ad hoc nel 2006.[4]

> Questa ricerca nasce dalle interviste condotte con 60 donne leader e raccolte nella pubblicazione *Inside Women's Power*. È l'elaborazione di due temi inaspettati che sono emersi dalle interviste: la maternità e altri ruoli familiari come una palestra di leadership, e la maternità come una metafora della leadership. Riconoscere la maternità come una metafora e un allenamento per la leadership è stata una sorpresa, perché ha rappresentato un allontanamento radicale dal tradizionale consiglio che si dà alle donne che aspirano a essere leader, ossia "diventare come gli uomini".
> Alcune donne sono state sufficientemente sicure del proprio ruolo sul lavoro da descrivere la leadership usando proprio un linguaggio derivato dalla loro esperienza di vita come donne. Molte tra quelle con alti livelli di leadership si sono rivelate abbastanza a loro agio da portare al lavoro un'idea univoca di se stesse come donne e come leader.

Da questa ricerca emergono diversi elementi interessanti. Innanzitutto le donne intervistate, leader riconosciute nelle loro aziende e istituzioni, hanno citato, in modo spontaneo e non sollecitato, **la maternità come "palestra di leadership"**. Non un termine a caso: "palestra". Vuol dire luogo di esercizio costante, quotidiano. Se una partita si gioca solo una volta ogni tanto, è in palestra, invece, che si costruisce la capacità per vincerla.

Dieci negoziazioni con un figlio sono una palestra per qualsiasi negoziazione sul lavoro. La pazienza è una competenza che si può allenare. Così come l'ascolto, la capacità di intuire più di quanto si dice grazie all'interazione continua con figli adolescenti. Mai espressione fu più illuminante per definire in che modo la maternità genera la leadership: è una "ginnastica" quotidiana, continua, che allena alcune competenze fino a portarle a livello agonistico.

Un altro dato degno di nota è che, per definire aspetti della leadership sul lavoro, le intervistate ricorrono a termini che vengono dall'esperienza della maternità. **La maternità diventa, così, metafora della leadership:**

> Le donne – poiché si suppone che noi non abbiamo il controllo, si suppone che non diamo ordini, si suppone che noi supportiamo, giusto? – hanno uno stile di leadership modellato sull'ideale della maternità. È un ideale, non è che tutte le madri lo facciano nella realtà, ma intendo proprio un ideale.
> **È una leadership che dà forza invece di toglierla**, in cui ispiri gli altri, in cui fai crescere negli altri le loro capacità migliori.
> È ciò che si suppone faccia una mamma: guidare.
> È estrarre il potere, è supportare, è nutrire il potere, e tutti abbiamo qualche tipo di potere.
> **È il potere di creare, il potere di avere cura degli altri**: il vero potere umano che abbiamo.

> Io guido gli altri in modo caldo, come una mamma. Cerco di condurre come un genitore, e sono fiera di quelle che considero essere le mie caratteristiche prettamente femminili. Sono calda, sono affettuosa. Ho un senso dell'umorismo che mi fa adattare facilmente anche a temi molto pericolosi. Io ascolto, ascolto, ascolto e ascolto.

Nessuna delle donne intervistate ha usato lo sport come metafora della leadership, nonostante fossero in buona parte delle sportive, anche a livello agonistico. A ben vedere, i temi della guerra, prima, e dello sport poi, hanno dominato il vocabolario della leadership degli ultimi trent'anni. Con più o meno regole, più o meno gioco di squadra, l'obiettivo restava "vincere", e sul campo restava il perdente. Con la metafora della maternità, al contrario, l'obiettivo cambia: diventa "far crescere", e si è tutti vincitori.

Appare quindi chiaro come solo le donne più solide, sicure della propria identità di leader, siano state capaci di cambiare il linguaggio della leadership e associarvi la maternità. **Cambiare le parole non è facile**: il vocabolario è un territorio culturale cui apparteniamo in modo naturale, e che ci condiziona in molti modi. Usare termini nuovi è sempre un azzardo: richiede coraggio e disponibilità al confronto. Ma cambiare le parole è il primo modo per cambiare la realtà che alle parole viene associata, e usare la maternità come metafora della leadership vuol dire entrare con immagini inaspettate, controverse, squisitamente femminili in un territorio che è da sempre monopolio della terminologia maschile.

### Leader, inaspettatamente: al centro delle decisioni

I pensieri che si attivano nella mente di una donna quando scopre di aspettare un bambino, le emozioni che si susseguono, il corpo che muta, costituiscono tutto un insieme di informazioni molto difficile da gestire, considerando soprattutto il tempo che normalmente serve per reagire ai cambiamenti.

La maternità, di fatto, trasforma una donna, da individuo autonomo, con una vita semplice, che ruota intorno alle proprie esigenze e ai propri ritmi, nel centro involontario di un universo complesso, cui imprevedibilmente e improvvisamente tutti si rivolgono per qualunque decisione che riguarda il bambino.

Pensare solo per se stesse, tutt'al più per coordinarsi con un'altra persona autosufficiente – il proprio compagno – è un'attività rilassante, che gode di tempi lunghi e tollera ampi margini di errore e aggiustamenti last minute.

Appena nasce il bambino, invece, persino le preparatissime ostetriche dell'ospedale iniziano a rivolgersi alla neomamma per sapere cosa farne: se tenerlo in camera o portarlo al nido, se desidera allattarlo, che vestitini mettergli, e così via. Il tutto davanti a un padre presente, ma tendenzialmente silente.

Da quel momento in poi, è una folle discesa verso un groviglio di decisioni continue, su ogni tema e argomento, per ogni minuto e funzione della vita del bambino. Insomma, una sostanziale **ristrutturazione di sé** e del proprio assetto mentale. Prendere così tante decisioni, infatti (su cose piccole, ma anche su quelle importanti, o su cose piccole che possono improvvisamente diventare importanti), è un allenamento senza precedenti per sviluppare la capacità di analisi delle informazioni e del contesto da una parte, e per imparare, dall'altra, a trovare soluzioni rapide e, col tempo sempre di più, anche efficaci.

La prima reazione, ricordo, è stata di sbigottimento. Chi lo aveva deciso, che dovessi decidere sempre tutto io? Perché tutti, persino la tata assunta per le notti, chiedevano tutto a me? Abituata a "fare la manager" in ufficio, non avevo mai previsto di dover trasportare questo talento – e questa responsabilità – anche a casa. E non collegavo i punti: non adottavo con nonne, padri, tate e zie le tecniche di management affinate in dieci anni di lavoro in aziende multinazionali.

Stavo reimparando daccapo, convinta che a contesto diverso corrispondessero regole diverse. Che il bambino dipendesse da me mi sembrava naturale e previsto, ma l'organizzazione e gestione delle informazioni e delle azioni che ruotavano intorno alla nuova nascita, quelle no, non le avevo messe in conto. Catapultata in un ruolo nuovo, molto più "rotondo" di quel che mi sarei aspettata, prendevo cento decisioni al giorno e mi allenavo a sbagliare, reimpostare, ottimizzare i risultati, evitando così la prossima fuoriuscita di pipì, il pianto di un'ora per mancanza di sonno, il mancato coordinamento di nonna e papà nell'acquisto dei pannolini. Sulla mia velocità e capacità decisionale si reggevano insomma la serenità di almeno sei membri della famiglia e la sopravvivenza di un poppante.[5]

**maam al lavoro**

## SAPER PRENDERE DECISIONI

Essere "problem solver" ovvero "saper" prendere decisioni.
È il "sapere" che fa la differenza.
Ma come si forma questo sapere?
Qual è la grammatica del problem solver?

Dall'esperienza della maternità e della paternità - per i padri che la esercitano "quotidianamente" - proponiamo qui alcune competenze utili per diventare più saggi nel prendere decisioni.

**1. Avere senso di responsabilità:** (dal latino *respondere* - l'attitudine a rispondere). Prendere decisioni vuol dire rispondere alle richieste che ci arrivano dall'ambiente esterno. Quella genitoriale è una responsabilità a doppia entrata:

- un genitore è responsabile del mondo che si relaziona con suo figlio\a (le difficoltà a scuola, con gli amici…);
- un genitore è responsabile del proprio mondo verso suo figlio. Lo protegge dal proprio mondo; lo salvaguarda da dinamiche che non sa ancora comprendere.

È così che prendersi cura in modo costante di un'altra persona fa diventare adulti anche sul lavoro. Si diventa più sicuri, più assertivi, più decisi nell'affermare e difendere le proprie opinioni. Si va dritti al punto con efficacia e sintesi senza lunghe digressioni.

**2. Essere veloci:** nel fare lo scanning di tutte le informazioni e risorse disponibili. Da ricerche e focus group emerge la naturale velocità delle donne e di chi ha fatto l'esperienza della genitorialità nell'analizzare "big data", ovvero database informativi complicati da leggere e decifrare.

L'esperienza della cura rende, infatti, più capaci nel semplificare la complessità per darne una chiave di comprensione. Si impara a leggere "veloce", a scegliere "cosa conta", a decidere "cosa usare".

**3. Essere intuitivi:** (dal latino *intueor*, composto da *in* = "dentro", + *tueor* = "guardare" - entrar dentro con lo sguardo). È un sapere sia legato alla competenza indicata al punto 2 (divento intuitiva/o se sono capace di elaborare più informazioni disponibili più velocemente), sia di origine trascendente. Ma la trascendenza - confermano le antiche sapienze - arriva quando si è in grado di entrare appieno dentro la realtà. L'intuizione non è solo qualcosa di innato ma può "arrivare". È il messaggio che si manifesta quando meno me l'aspetto. Quando entro nella realtà delle cose. Quando sono del tutto presente in una conversazione, nell'ascolto di un pianto o di una qualunque richiesta. Se ci sono veramente, se entro con lo sguardo, l'intuizione è come una folgore. Arriva, abbaglia e illumina!

**4. Essere capaci di sbagliare:** provare, sbagliare, reimpostare. Una decisione non è sempre... per sempre. Una decisione è situazionale, è ciò che, in quel preciso momento - attraversando i punti da 1 a 3 - era necessario fare rispetto a una lettura della realtà. La decisione, giusta o sbagliata che sia, fa comunque accadere delle cose. Poi si può ottimizzare, mettere in discussione e, se necessario, cambiare del tutto.

**5. Essere capaci di coinvolgere:** nel senso di ascoltare, entrare in empatia, mettere in circolo sia sicurezze sia perplessità. Saper leggere problemi e opportunità insieme agli altri. Condividere visioni, intenzioni, obiettivi, ansie e opportunità. Sapersi concentrare su ciò che vogliamo che accada con autenticità.

**6. Essere capaci di mostrarsi vulnerabili**, senza mortificare la propria fragilità o insicurezza. Forza e fragilità compongono e nutrono l'analisi del problema, la ricerca dell'opportunità risolutiva, della decisione saggia.

## Leader, inaspettatamente: il governo del cambiamento comincia a casa

In azienda, il cosiddetto "governo del cambiamento" lo chiamano "change management", ma forse non capisci veramente cosa vuol dire finché non capita nella tua vita. Un bambino è fonte quotidiana di cambiamento: ogni giorno nuovi processi, diverse richieste dall'ambiente, un "prodotto" che si esprime in modo nuovo e rivela esigenze impreviste, non si sa se e quanto a lungo destinate a rimanere tali.

Le regole che hai ingegnosamente trovato per facilitare il ritmo delle giornate e rendere – per esempio – il momento dei pasti qualcosa di meno disperante, si rivelano inutili, o anche controproducenti, anche solo tre giorni dopo aver provato la propria efficacia.

In realtà la velocità con cui cresce e cambia un bambino dovrebbe consolarci: presto avrà diciotto anni e uscirà di casa. Ma sono diciotto anni fatti di singole giornate (6570 singole giornate, per la precisione: quasi 160.000 ore), e ogni giorno è meravigliosamente e instancabilmente diverso dal precedente.

Come rispondiamo, quindi, a questo continuo cambiamento?

Perché un bambino che fino a ieri si addormentava pacificamente nel lettino, da quattro notti non chiude occhio?

Quanti dentini gli devono ancora spuntare?

Le macchie rosse sono varicella oppure dermatite, o una reazione allergica, o cosa?

E la prossima volta?

Perché oggi le mele sì e ieri no?

L'ho lasciato seduto in salotto, che non sapeva camminare, dov'è finito adesso?

È una sillaba, quella che ha pronunciato?

Insomma, dov'è lo schema?

Se ce n'è uno, si dice che possa trovarlo solo la mamma. È

da lei che ci si aspettano le regole, la corretta interpretazione di tutti i segnali, e anche una buona dose di chiaroveggenza.

Allora facciamo un ripasso del termine "change management", secondo Wikipedia:

> Con il termine inglese *change management* (traducibile approssimativamente in **governo della transizione**) si intende un approccio strutturato al cambiamento negli individui, nei gruppi, nelle organizzazioni e nelle società che rende possibile (e/o pilota) la transizione da un assetto corrente a un futuro assetto desiderato.
> Il Change Management, così come viene comunemente inteso, fornisce strumenti e processi per riconoscere e comprendere il cambiamento e **gestire l'impatto umano di una transizione**.

La buona notizia, quindi, stando a quanto appena detto, è che, superata la fase di frustrazione dovuta all'impossibilità di tracciare uno schema sempre valido, la madre scopre l'esistenza di un metaschema, di uno schema che si ripete.

Tutto infatti cambia, anche quotidianamente, ma in una direzione precisa.

Alcuni "salti" che avvengono periodicamente – sono chiamati "balzi di crescita" – non devono indurre in inganno: **lungo tutto il processo scorre una ripetitività data dal carattere del bimbo e dalla modalità di gestione del genitore**.

Dunque, ad azione uguale corrisponde reazione quantomeno simile, se il bimbo sperimenta nel genitore una coerenza di fondo. Pratiche di resilienza quotidiana, legate anche solo ai bisogni primari, come quelli fisiologici e di sopravvivenza o di sicurezza, producono il giusto mix di flessibilità e fermezza che evita le tragedie e disegna in questo modo tracce facili da seguire.

Che niente sia sempre uguale a se stesso diventa, così, la regola n°1: la quotidianità appare come fonte di curiosità, decisioni e imprevisti convivono nella mente della madre, che li alterna con la stessa pratica istintiva con cui scala le marce dell'auto.

> Da quando sono diventata madre, gestisco meglio lo stress lavorativo: come sanno tutte le mamme, "niente è per sempre, anche le fatiche che appaiono insormontabili si tramutano presto in opportunità"![6]

> Ecco la chiave per un saggio utilizzo della pazienza: fare la pace con l'idea di non essere sempre in controllo.[7]

Le neuroscienze la definiscono **capacità di "revisione interpretativa"**, o "rivalutazione":[8] cambiare organizzazione mentale per modificare il proprio stato d'animo.

**maam al lavoro**

## SAPER GOVERNARE L'INATTESO

Quando i contesti sono VUCA ovvero volatili, incerti, complessi e ambigui (Volatile, Uncertain, Complex, Ambiguous), come fare per sopravvivere o meglio prosperare?
Dai focus group di maam è emersa una competenza molto potente relativa all'esperienza genitoriale, una competenza che deriva dalla velocità di risposta ai bisogni continuamente in mutazione di un figlio.

> Da quando sono madre, si è ridotta drasticamente l'attenzione per i dettagli poco rilevanti... sono migliorata nel riconoscere l'essenziale.

> Con i figli, devi abituarti a lavorare su quel che può succedere e non su quello che c'è.

> Zigzagando tra innumerevoli nuove questioni, mi sono aperta dei mondi e delle possibilità.

> Ti abitui a fornire continuamente livelli di servizio e di risposta diversi adattandoti alla situazione che ti si presenta in quel momento. Bisogni diversi in ogni fase evolutiva. Ti devi adattare velocemente, spesso improvvisando. Devi imparare a disimparare. Ciò che facevi prima non è più garanzia di successo nella tua prossima mossa.[9]

> Il mio lavoro è organizzare congressi, la maternità mi ha fatto sviluppare grande concretezza e problem solving: doti molto utili visto che nel mio lavoro capitano in continuazione problemi dell'ultimo minuto.[10]

Fare fronte ai repentini mutamenti di un figlio è un po' come lavorare oggi nelle aziende: non hai tempo di fare approfondite ricerche di mercato e ti devono bastare le informazioni che hai già a tua disposizione. O ti modifi-

chi velocemente, cerchi e provi qualcosa di nuovo, oppure rischi di mettere in crisi il rapporto.
Ed è sempre più dura, ex post, per dirla proprio in termini professionali, recuperare il "cliente"!

Ecco perché essere flessibili significa disporsi a governare l'inatteso, e la parola "adattabilità" è diventata una sorta di mantra dentro le aziende. Perché alcune organizzazioni, quando affrontano un cambiamento inaspettato, riescono meglio di altre a "governare l'inatteso"?"

I modelli da imitare sono quelli delle organizzazioni ad alta affidabilità, come, per esempio, squadre antincendio, staff che gestiscono le operazioni di volo sulle portaerei, compagnie aeree. Nelle organizzazioni che vivono sull'emergenza continua si crea una condizione di piena consapevolezza collettiva, una consapevolezza che vuol dire capacità di osservare i segnali deboli, di focalizzarsi quasi in una condizione di "mindfulness", di coscienza totale, e di individuare e correggere gli errori prima che la situazione peggiori ed esploda sotto forma di crisi. Queste le caratteristiche delle organizzazioni ad alta affidabilità:

- sono resilienti: sanno come resistere quando, sotto stress, hanno una gamma più ricca di opzioni per affrontare situazioni perturbate e ansiogene;
- sanno riconoscere le priorità;
- sanno far fronte a situazioni che si presentano con modalità sempre diverse e di cui non si conoscono le specifiche. È un continuo "learn to unlearn", imparare a disimparare;
- le comunicazioni sono accurate e continue;
- si parla molto degli errori e di come prevenirli. Si diventa amici degli errori;
- si mettono insieme una varietà di esperienze da cui si impara. Si trae profitto dalle competenze di tutti i colleghi;
- si incoraggiano schemi di riferimento alternativi e conversazioni su cosa è importante non perdere di vista;

- si favorisce la continua improvvisazione;
- si sviluppano nuove risposte ricombinando rapidamente repertori di risposte già esistenti;
- si parla molto delle alternative disponibili e utili per poter svolgere una determinata attività;
- si raccolgono dubbi;
- si comunica "de visu".

## Leader, inaspettatamente: una "super-energia" concentra tempo e risorse

Sin dal primo giorno di vita il bambino sa, istintivamente, di venire prima di tutto. Lo sa, lo esprime, lo impone. L'arrivo di un figlio rivoluziona le priorità, assorbe energie che nemmeno sapevamo di avere. Siccome il tempo è un'unità data, e apparentemente non lo si può modellare a piacimento, la maternità abitua a un altro esercizio determinante: un genitore diventa in grado di fare più cose, e meglio, nella stessa unità di tempo.

Il cosiddetto "hyperdrive", la "super-energia", definisce la capacità innescata dalla maternità di mettere insieme un livello più elevato di vigore. Consente di mantenersi efficienti e sull'obiettivo in situazioni caotiche, scegliendo velocemente che cosa si può e che cosa non si può fare con formule più brevi di quelle sperimentate in passato.

Osservato dall'esterno, l'effetto è quello di massima efficienza e di una **straordinaria capacità di focus**, quando in realtà la madre non sta facendo altro che incanalare le risorse disponibili su autostrade di efficacia costruite per necessità.

> Molte persone mi chiedono come faccio a tenere tutto in equilibrio. Io, semplicemente, divento "laser focused" sulle cose importanti. Sono sempre "nel momento". Posso liberarmi di alcune questioni molto velocemente. Divento protettiva verso qualunque uso del mio tempo. I miei collaboratori hanno imparato il valore del mio tempo, ed è stato un cambiamento importante. Hanno imparato ad arrivare da me preparati e focalizzati. Ne ha beneficiato l'efficienza dell'intero team.[12]

Lo stato di "super-energia" consente di inserire le esigenze dei figli, i quali pretendono attenzione (e non tra un po', subito), in un'agenda mentale che si colloca senza soluzione di continuità tra vita e lavoro.

Il 90% delle donne che ha partecipato al sondaggio maam sul blog del «Corriere della Sera» La 27 Ora nel mese di giugno 2014, afferma che **la maternità ha aumentato la quantità di energia che mettono nelle cose che fanno**.

Ma da dove arriva questo surplus di energia? Come mai diciamo che questo accumulo di nuovi compiti e responsabilità, invece di mandare le donne totalmente in tilt, le fa scoprire più forti e preparate? Forse perché hanno come alleata la più potente della maghe: la natura.

Vi siete mai domandati che cosa succede nel cervello di una donna quando il suo corpo si trasforma per fare spazio a un altro essere umano? Resta tutto uguale o, peggio, alcune caratteristiche si indeboliscono, come certe volte siamo spinti a pensare? La realtà è un'altra.

Da tempo si sa che il cervello è "plastico", ossia non smette di trasformarsi nell'arco della vita, soprattutto durante esperienze particolarmente coinvolgenti.

"Ci sono alcune occasioni nella vita in cui si creano delle *finestre* di sviluppo cerebrale, e il cervello è più plastico che in altri momenti. La maternità è una di queste occasioni."[13]

La materia grigia, infatti, il cui compito è selezionare e avviare le informazioni che viaggiano lungo il sistema nervoso, aumenta nel cervello di una madre in un arco di tempo che va da 2-4 settimane a 3-4 mesi dopo il parto. E non è che l'inizio.

Se le prime trasformazioni nel cervello avvengono già durante la gravidanza, è immediatamente dopo il parto che il numero di cambiamenti diventa impressionante.

Uno studio compiuto dalla neuroscienziata comportamentale del Randolph-Macon College in Virginia,[14] Kelly Lambert, esplora alcuni potenziamenti a livello cerebrale nelle mamme ratto (il cui cervello ha caratteristiche simili a quello degli esseri umani) sottoposte a situazioni complesse e pericolose e li spiega proprio con la maternità:

- aumenta la materia grigia periacqueduttale: simile alla nostra materia grigia, serve a elaborare e comprendere situazioni complesse, grazie a un aumento della capacità di attenzione;
- aumenta la propensione a prendersi dei rischi per nutrire la prole, grazie al maggiore dosaggio di prolattina e ossitocina prodotte dall'ipotalamo.

Da questo stesso filone di ricerca emergono altri importanti cambiamenti in varie parti del cervello materno:

- nell'**ipotalamo**, la struttura del sistema nervoso centrale che governa l'attività endocrina, crescono il numero e le dimensioni dei neuroni, aumentando la produzione di **ossitocina** e di **dopamina**. L'ossitocina, detta anche l'"ormone delle relazioni", abbassa il livello di stress e aumenta la quantità di fiducia nel prossimo; influenza così anche la generosità, grazie a un aumento del livello di empatia mentre si analizzano diverse situazioni;
- nelle situazioni difficili aumenta il rilascio di dopamina, migliorando l'attenzione, la memoria a breve termine, la capacità di stare senza dormire e il comportamento orientato ai risultati;
- nell'**ippocampo**, la parte del cervello inserita nel sistema limbico che svolge un ruolo importante nella memoria a lungo termine e nella navigazione spaziale, diventano più dense le spine dendritiche, che servono ad accelerare la trasmissione dei segnali tra le diverse parti del cervello;
- nel **sistema olfattivo**, sia madre che padre sviluppano nuovi neuroni.

**Queste trasformazioni e le nuove connessioni non sono solo causate dagli ormoni, ma anche dai comportamenti ripetuti.**

"La plasticità del cervello, attraverso l'influenza degli ormoni, delle stimolazioni mentali e dei comportamenti ripetuti, come avviene nelle madri, contribuisce al cambiamento e allo sviluppo del cervello durante tutta la vita. Nuovi neuroni e nuove connessioni vengono prodotti per tutto il tempo."[15]

Anche gli stimoli che riceve dai figli sono infatti per una madre dei potenti allenatori.

Nel rispondere a queste sollecitazioni, le madri devono integrare informazioni affettive e cognitive sul piccolo, e valutare richieste spesso in concorrenza tra di loro, prima di scegliere come comportarsi.

Questo avviene continuamente. **Il cervello impara quindi "a imparare"**:

> La ricchezza della vita emotiva della madre permette alla parte più avanzata del cervello di "immaginare e simulare" eventi non ancora avvenuti, nel tentativo di andare a scoprire elementi che la struttura più istintiva sa già. Le previsioni che la madre è in grado di fare diventano così sempre più accurate, perché ha allenato l'abitudine alla riflessione.[16]

La costante e intensa attività di cura, in definitiva, potenzia le "strade" che il cervello usa per elaborare gli stimoli che derivano dalle relazioni interpersonali, grazie alla migliore capacità di attivazione e disattivazione delle varie parti utili in risposta agli stimoli prodotti dal bambino. Ma, diversamente da quanto accade negli animali, il comportamento della madre non è obbligato: la madre umana può scegliere se essere altruista o meno, può rompere gli automatismi.

Ma a questo punto, dopo aver scoperto i superpoteri cerebrali della mamma, viene da chiedersi: **quanto a lungo durano tutte queste meraviglie?**

Ci risponde la dottoressa Lambert: "Sembra che gli effetti della maternità, come la super-percezione e lo sviluppo del cervello, siano di lunga durata, o addirittura permanenti".[17]

## La cura porta alla leadership, anche senza essere genitori

In conclusione, viste tutte le trasformazioni che investono una donna in maternità, possiamo dire che basta (o è necessario) avere figli per diventare bravi leader?

Nonostante Stephen R. Covey, autore del bestseller *Le sette regole per avere successo*, e del suo sequel *Le sette regole per famiglie che funzionano*, ammetta di aver appreso proprio in famiglia tutto quello che sa in tema di leadership, la risposta alla domanda che ci siamo appena fatti è ovviamente no.

**Non tutti i genitori acquisiscono automaticamente competenze manageriali nel crescere i propri figli, così come si può essere perfetti leader naturali anche facendo pratica attraverso attività di cura di tutt'altro tipo**, come il volontariato, la cura dei propri genitori o dei propri nipotini.

> I genitori non hanno il monopolio sulle lezioni che si imparano prendendosi cura degli altri.[18]

**La maternità è solo la più frequente e diffusa esperienza di intensa cura che le persone sperimentano. E purtroppo anche tra le più problematiche sotto il profilo lavorativo.**

È un momento di forte cambiamento, di rottura di tutti gli schemi precedenti nella vita della donna (e, sempre più intensamente e consapevolmente, anche del papà).

Viene a crearsi una concomitanza di circostanze unica: l'estrema incertezza causata dalla novità e da una cultura che non facilita questa esperienza, e contemporaneamente il rapido processo di apprendimento dettato da una natura previdente, che mette a disposizione della madre energia e cervello in quantità per garantire la sopravvivenza della specie. Ne emerge il paradosso di una donna col potenziale per esercitare a casa competenze che la renderebbero molto più forte sul lavoro, ma ridotta a farne scarsissimo uso da consuetudini e ambienti che non riconoscono né sollecitano questa sua crescita.

E un altro, enorme paradosso, è quello delle scuole di business, che insegnano la leadership attraverso le più svariate esperienze, dall'addestramento delle balene ai percorsi di sopravvivenza, dai corsi di cucina ai simulatori di volo, ignorando completamente la più istruttiva e vitale delle esperienze di leadership: quella di chi deve curare, far crescere e rendere forte un altro essere umano.

**Tutto dipende da "come" si guardano le cose**.

Lo scienziato australiano Allan Snyder paragona la donna incinta ad Albert Einstein: "La memoria delle donne non peggiora con la gravidanza: la loro attenzione si sposta piuttosto su tutto ciò che è immediatamente cruciale. Einstein era noto per dimenticare persino dove metteva assegni di alto valore, ma non per cattiva memoria: perché la sua attenzione era presa da cose ben più importanti".

## Note

1. Ravenna Helson, psicologa presso l'Institute of Personality and Social Research, citata in Katherine Ellison, *Il cervello delle mamme*, Rizzoli, Milano 2011.
2. *Il valore monetario dello stock di capitale umano in Italia. Anni 1998-2008*, Istat 2014.
3. Sumru Erkut, *Inside Women's Power: Learning from Leaders*, Wellesley Centers for Women, 2001.
4. Sumru Erkut, *Leadership: What's Motherhood Got to Do with It?*, Wellesley Centers for Women, 2006.
5. Intervista compiuta nell'ambito della ricerca maam (luglio-ottobre 2013), il programma di leadership per aziende e istituzioni realizzato da Inspire e Piano C, www.maternityasamaster.com.
6. Dal sondaggio maam svolto sulle lettrici de La 27 Ora di www.corriere.it, giugno 2014.
7. Testimonianza di una donna intervistata in Moe Grzelakowski, *Mother Leads Best*, Kaplan Business, 2005.
8. Definizione di Kevin Ochsner, neuroscienziato della Columbia University.
9. Interviste compiute nell'ambito della ricerca maam (luglio-ottobre 2013).
10. Dal sondaggio maam (giugno 2014).
11. K. E. Weick e K. M. Sutcliffe, *Governare l'inatteso*, Raffaello Cortina Editore, Milano 2010.
12. Colleen Arnold, General Manager IBM Global Communications, in Moe Grzelakowski, *Mother Leads Best*, cit.
13. Definizione di David Lyons, primatologo alla Stanford University.
14. C. H. Kinsley, K. G. Lambert, *The Maternal Brain*, «Scientific American», 2006.
15. Definizione di Craig Kinsley, professore di neuroscienze alla University of Richmond.
16. Natalia López-Moratalla, professore di biochimica e biologia molecolare alla University of Navarra, *Genes, Brain and Maternal Behaviour*, arvo.net.
17. C. H. Kinsley, K. G. Lambert, *The Maternal Brain*, cit.
18. Ann Crittenden, *If You've Raised Kids, You Can Manage Anything*, Gotham Books, New York 2004.

CAPITOLO 2

# Facendo un passo indietro, anche una vita complicata diventa più semplice

*Dove si scopre che con la maternità l'ego cambia e che più ruoli aumentano l'energia complessiva*

### La giusta distanza e le sue scoperte

Da uno a due, la vita cambia. Soprattutto per i primi tempi, gli spazi in cui la donna era sola diventano gli spazi di una madre e di suo figlio. Quello che accade nel corpo durante la gravidanza: la capacità di fare spazio a un altro essere umano, generandolo, avviene poi nella vita di tutti i giorni dopo la nascita. Accogliere un figlio significa infatti fargli spazio nel quadro della nostra vita. A spingerci a farlo è un istinto naturale, che ci porta a considerare il bambino parte di noi e quindi una "non minaccia" alla nostra aria e al nostro spazio vitale. Lo adageremo lì, proprio al centro del nostro mondo, pronti a spostarci un po' per guardarlo meglio.

Non lo sappiamo ancora, ma **il primo passo verso una nuova prospettiva della nostra vita, fino a ora concentrata su se stessa, è già avvenuto**. Qualcun altro è diventato più importante di noi. Il suo futuro e le sue necessità immediate, le sue capacità e i suoi sogni, le sue debolezze e i suoi desideri ci importeranno più dei nostri.

Succede per ragioni naturali (ossitocina e prolattina sono al lavoro per proteggere la vita e averne cura) e umane (il senso di onnipotenza in chi genera una vita umana è senza significato se non genera contestualmente anche un legame).

Molte donne si fermano a questo, all'essere "madre di", per quanto forti di un'identità nuova, di cui inizialmente sono per forza di cose incredule e orgogliose. La cultura in cui viviamo ci sollecita infatti a **restare il più possibile in mezzo al quadro, insieme ai nostri figli**. Per proteggerli, curarli, e anche per "restare importanti" insieme a loro. È per questo motivo che i successivi passi indietro verso il margine della scena sono i più difficili: eppure sono vitali sia per il genitore che per il figlio.

Un bambino molto piccolo pensa di "essere" la propria madre.[1] Vedere il genitore, per lui, è come guardarsi allo specchio. Non c'è la consapevolezza dell'essere altro, e questa assenza di alterità lo rende forte e lo rassicura. Ma molto presto, crescendo, si attiva in lui il bisogno di conquistare la propria identità. Di diventare qualcuno in quanto "non mamma" e "non papà". E lo stesso vale, naturalmente, per i genitori.

> Innamorarmi di mia figlia è stato un attimo. Da quel momento, per molti mesi, non ho più visto me stessa allo specchio, ma lei. E vedere lei mi dava più gioia, più soddisfazione e piacere, del vedere qualunque versione di me stessa. Che fatica dover staccare gli occhi dalla perfezione che avevo generato e, un po' alla volta, tornare alla realtà di chi ero io, io e non lei.[2]

Non basta, pertanto, mettere il figlio al centro del proprio mondo: ben presto si scopre che è necessario lasciargli altro spazio, per creargli intorno un sistema efficace di sopravvivenza, di relazioni, di risorse – che funzioni anche in assenza della mamma!

La mamma resta il principale snodo di orchestrazione, per accudire, nutrire, organizzare, educare, rimediare ai disastri, ma **spostarsi verso il margine del quadro le farà scoprire risorse inaspettate**: in se stessa e nel mondo di eventi che riesce a far succedere. E le permetterà di ricordare che esiste anche il solo piacere di avere vicino il suo bambino, rumoroso, allegro, irresistibile.

## Un ego più piccolo rende meno vulnerabili

Facendo un passo indietro, inizialmente anche solo per lasciare più respiro al proprio bambino e al mondo che gli ruota intorno, una madre può scoprire che rimanere in disparte la rende più forte. In effetti, più ci mettiamo al margine del quadro, maggiore diventa l'angolo di visuale sull'intera scena intorno a noi, e quindi la capacità di "vedere" soluzioni, connessioni, opportunità al di fuori di noi. Inoltre, meno siamo "ingombranti" (sviluppando una caratteristica che abbiamo chiamato *less ego*), meno possiamo essere ferite e indebolite da circostanze che non possiamo controllare. **Un ego più piccolo è più difficile da colpire**.

Un ego più piccolo avrà bisogno di meno nutrimento per sopravvivere: e l'energia che avanza verrà dirottata su altro. Per esempio, su quello che sappiamo far succedere intorno a nostro figlio. Ma anche sul resto del mondo, visto che, appena capiremo quanto esso renda più facile fare tutto, l'approccio *less ego* diventerà facilmente un'abitudine.

> *La genitorialità è l'esercizio di sgonfiamento dell'ego più potente del mondo. (Madeleine Kunin, politica e diplomatica americana)*

Perché questo succeda è però necessario compiere uno sforzo consapevole. La tendenza prevalente ancora oggi è che nelle madri venga premiato il sacrificio: la capacità di lasciare tutto il posto al figlio cedendo la propria identità, restandogli attaccata, vicina vicina, nella veste prepotente e quasi totalizzante di mamma e poco altro. Ma questo non è *less ego*: è ancora il grande ego di chi si ritiene indispensabile e pertanto non fa un passo più in là, ma anzi resta al centro del quadro.

**maam al lavoro**

## SAPER RESTRINGERE L'EGO

*Less ego* vuol dire "meno ego", "meno focus su me stessa", ed è la trasformazione più profonda, la più potente, che l'esperienza della maternità possa provocare.

Nel primo capitolo abbiamo scoperto come la maternità ci porti al centro di una rete di decisioni e di relazioni. Adesso scopriremo come questo sia non solo compatibile, ma naturalmente legato, a una diminuzione dell'importanza che, appena diventiamo madri, diamo a noi stesse, fino a ieri centrali nel quadro di progetti, di presente e di futuro delle nostre vite (in un modo che spesso generava ansia da prestazione e paura dell'avvenire).

"Meno ego" è lo spostamento che compiamo dal centro della mappa verso il suo margine, tale da permetterci di abbracciare con lo sguardo, senza fatica, l'intero quadro.

Il paradosso è che **una vita adesso più complessa** - in cui l'arrivo di un figlio ha aumentato gli strati di tempo e di responsabilità attraverso cui guardiamo il mondo - **appare molto più lineare perché abbiamo cambiato punto di vista.** L'aumento di complessità ha così già in sé la soluzione per risolversi, ed è uno strumento che possiamo applicare a ogni altro aspetto della vita e del lavoro.

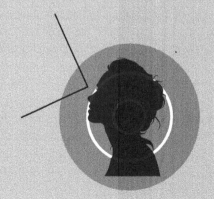

*Campo visivo e cognitivo di una persona che ha un grande ego ed è al centro del proprio "quadro": notare come sia ridotta la quantità di "aria" e di risorse che la persona è in grado di vedere e utilizzare.*

*Campo visivo e cognitivo di una persona che è al centro del proprio "quadro" con un ego più ridotto: più risorse e più "aria" sono visibili e utilizzabili.*

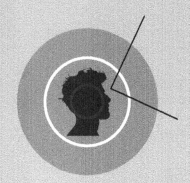

*Campo visivo e cognitivo di una persona che si sposta al margine del proprio "quadro": l'angolo di visuale è lo stesso, ma l'ampiezza della visione è rivoluzionata dal cambio di posizione.*

*È vuoto il cielo di chi è ossessionato da se stesso.
(Papa Francesco all'assemblea della CEI, 20 maggio 2014)*

Una certa dose di ego è fondamentale nella vita e nel lavoro. Struttura il carattere, supporta nella costruzione di un'identità, aiuta a capire chi siamo. Ma un ego ipertrofico è causa di profonde disfunzioni. Per esempio, mina le relazioni da una parte e la capacità dall'altra di fare spazio per far emergere punti di vista diversi, possibilità nuove. Un ego di questo tipo, troppo assertivo, aggressivo, perfettamente autosufficiente, cozza contro tutti i nuovi modelli di organizzazione, che nascono e si sviluppano a immagine e somiglianza di una rete: piccole e grandi società quasi prive di gerarchia, a gestione orizzontale, si generano e si riproducono velocemente in tutti i settori sociali e produttivi.

Queste organizzazioni leggere ruotano attorno a parole chiave come **social economy, interdipendenza, trasparenza, ascolto, comunità, cooperazione**: e sono proprio organizzazioni di questo tipo che mettono in pratica il desiderio di donne e giovani di fare "insieme", di scomporre il lavoro per ricomporlo al di là delle gerarchie, al di là dei meccanismi costruiti dal "potere", per tenere tutto sotto controllo e mantenere vecchi modi di fare.

È evidente che se lo spazio è tutto occupato da me, da ciò che penso, da ciò che credo giusto, dalla mia esperienza, dal già detto e fatto, come può accadere qualcosa di più utile e creativo? Qualcosa di inaspettato?
Di conseguenza, troppo ego blocca lo scambio delle energie con l'esterno, raddoppia la fatica e rende impotenti.
Uscire dalla trappola di un ego di questo tipo, invece, aiuta ad avere una visione da fuori, dall'alto, di tutto l'insieme.
Aiuta a osservare come da un elicottero un progetto, un problema, una relazione e comprendere che con la sola volontà non sempre si può essere più efficaci.
***Less ego*** **è togliersi di mezzo, è mettersi di lato per diventare un punto di osservazione.**
Da lì esplorare, ascoltare, non lasciarsi condizionare da ciò che si sa già, da idee preconcette, da giudizi. Lasciarsi sorprendere. E fare nuove connessioni.

Questo genere di osservazione, senza ego, moltiplica le possibilità di risolvere un problema, di mettere insieme un progetto in modo creativo, di comprendere quali sono le emozioni più autentiche e gli elementi in gioco in una relazione, professionale o personale che sia.

Perché l'energia creativa e la potenza si materializzano quando entriamo in contatto e facciamo rete con il mondo, e se metto da parte un po' di "me" il mondo diventa mio alleato, la mente si placa, le varie connessioni si fanno visibili, gli eventuali problemi si ridimensionano, la relazione difficile si sana.

Uscire dall'ego significa quindi mettersi in contatto con qualcosa di più grande, come la vita del cosmo. Significa guardare a sé, e al proprio business, nella prospettiva d'insieme e orientare le proprie scelte al massimo benessere condiviso. Una condivisione, naturalmente, da non limitare ai propri colleghi, amici e partner, ma da estendere il più possibile, fino ad arrivare – perché no? – all'intero universo.

È per questo che dovremmo affidarci alle forze degli altri, e a quelle del cosmo, per fare meno fatica: chi non ne ha bisogno?

Alleandoci per crescere e accudire – come spesso sanno fare le mamme, ma anche le amiche e le nonne – avremo risultati più efficaci e duraturi: chi non li desidera?

Aprendoci alle più diverse forme di comunicazione – dagli sguardi senza parole dei bebè ai guaiti del nostro cucciolo, dalle parole inventate dei bambini a quelle, per vario motivo, articolate a fatica – scopriremo sempre nuove forme d'amore di cui essere tramite, in risonanza con l'universo.

E ADESSO RIFLETTI. C'è un progetto, privato o di lavoro, una relazione che assorbe le tue energie e sulla quale vorresti conquistare un altro punto di vista? Provaci mettendo in pratica *less ego* nei prossimi giorni. Per farlo, segui questa lista di regole, ispirata all'antico trattato cinese di strategia militare, *L'arte della guerra* di Sun Tzu:

1. Osserva bene il campo della battaglia; ci sono dossi, salite, discese. Com'è il terreno in cui si muoveranno le forze opposte?

2. Il morale delle truppe è buono? Le persone coinvolte che sono intorno a te cosa sentono, cosa pensano, come stanno?

3. Chi può comunicarti qualcosa di saggio sulla situazione che dovrai affrontare? C'è una persona che pur non essendo direttamente coinvolta nella questione potrebbe dirti qualcosa di importante, di prezioso per aiutarti a capire meglio?

4. E il cielo cosa dice? Guarda, osserva i segni del cielo prima di agire (quelli che per te sono tali: vale tutto, dal sogno, al volo degli uccelli, all'oroscopo). Alza gli occhi e ricorda che molto di ciò che accade "interdipende" da noi. Osserva il cielo e chiediti: è il momento opportuno o forse è necessario aspettare?

Dopo aver analizzato gli aspetti proposti cerca quindi di rispondere a queste domande:

Hai cambiato punto di vista?
Hai compreso meglio la situazione?
Cosa hai imparato?
Hai scoperto nuove possibilità?
Il problema si è dissolto, o solo ridimensionato?

## Mamma, con più ruoli e più risorse

Chi resta al centro del quadro ha la netta sensazione che sia tutto molto faticoso; così l'impressione che ha una mamma ancora schiava del proprio ego è che tutto pesi su di lei, tutto sia rivolto a lei. Si sente al centro di ogni incidente e piccola sfortuna.

Si sente "il nodo" che raccoglie le fatiche della vita.

È convinta di doverlo fare, di non avere scelta. La maternità è responsabilità, fatica e sacrificio. L'essere madre è il grande ego che la schiaccia.

La maternità assorbe tutto il suo tempo, la sua energia, e cancella quel che resta dell'identità precedente: non può più permettersela.

Chi si riconosce in questi sintomi, si sarà anche trovata davanti a una scelta apparentemente obbligata: tra l'essere una buona madre, presente e responsabile, ed essere una donna con un'identità propria, con tempo e attenzione anche per altro che non sia il figlio. Questa necessità di scelta è supportata dalla vecchia teoria scientifica della "scarsità dei ruoli", secondo cui una persona che svolge più ruoli vive un costante conflitto su dove allocare il proprio tempo e la propria energia.

Di conseguenza, quando a un ruolo esistente, quello di donna che lavora, se ne aggiunge uno nuovo, quello di madre, la torta viene divisa in più parti e le fette diventano più piccole. È chiaro così che la donna che non vuole ridurre la fetta destinata ai figli dovrà sacrificare qualche altro ruolo, restando confinata alla sola identità di madre. A partire dagli anni '70 diverse ricerche hanno cominciato a esplorare l'ipotesi, poi provata scientificamente, che l'effetto di più ruoli sia invece quello dell'"accumulo".[3]

Che cosa vuol dire?

"Noi vediamo un'entità espandibile, in cui tempo ed energia sono risorse che possono essere condivise, integrate ed espanse tra più campi. Secondo questa prospettiva, **la persona intera è più della somma delle parti, e la partecipazione in alcuni ruoli può generare risorse da usare negli altri.**"[4]

Questo significa che chi ha più ruoli ha più risorse psicologiche a disposizione, perché ha più opportunità per sentirsi gratificato nella propria vita. Questo tipo di conferme emotive va a migliorare il coinvolgimento in altri ruoli perché aumenta la motivazione ad avviare e rispondere a interazioni interpersonali e compiti nell'altro ruolo.

Detto in altre parole:

> *Le donne che hanno più ruoli, hanno più opportunità di stare bene con se stesse, le proprie attività e i propri successi. Questa riserva di stima e fiducia in se stesse facilita un alto livello di benessere e può dare i mezzi per alleggerire le parti più difficili della vita.*[5]

Lo sguardo femminile è in grado di allargare gli orizzonti familiari e manageriali. "La maturità non cresce per ambiti separati: le diverse parti della vita, per una donna che non le separa, si arricchiscono perché il soggetto di questi mondi è sempre la stessa persona. Se è ricca e matura, lo è dappertutto. Questa molteplicità di vita, di mondi compresenti e ugualmente costitutivi della propria identità, permette di trasferire le capacità sviluppate da un ambito all'altro. Un mondo affiora nell'altro, c'è continuità e c'è sempre trasposizione di esperienze."[6]

Questo passaggio di competenze ed energie è definito anche "positive spillover",[7] "straripamento positivo". Quando più ruoli si sommano e le energie diventano tutte essenziali, così come lo diventa la massima efficienza, anche ciò che "trabocca" diventa utile e utilizzabile.

**È una visione ecologica dei nostri ruoli: non si butta via**

**niente**. Funziona se portiamo tutto di noi stessi in ognuno dei nostri ruoli.

Pensiamo, per esempio, al buonumore. Qualcuno è forse capace di lasciarlo a casa, quando va al lavoro? O, ancora meglio, se le cose vanno bene in ufficio non portiamo forse a casa una bella dose di energia?

> Sono una mamma migliore di quello che potrei essere perché ho questa mia parte... identità, realizzazione professionale, così importante che rafforza le mie abilità di mamma.[8]

> Molti dei manager che incontro e che lavorano a tempo pieno ad altissimo livello, dopo alcuni anni così si ritrovano sistematicamente con "le pile scariche", vanno in *burn out*. La mia sensazione è che non dedicare tempo alla propria vita privata tolga loro ogni possibilità di recuperare le energie.[9]

Allo stesso modo, è dimostrato che genitori con lavori complessi trovano più naturale incoraggiare nei propri figli l'autonomia e la flessibilità intellettuale, dare stimoli intellettivi e calore emotivo, usare tecniche di educazione ferme ma flessibili, ed essere meno rigidi sulla disciplina rispetto a genitori che fanno lavori meno impegnativi.[10]

Il lavoro è anche un'importante palestra di presa delle decisioni: le ricerche rilevano che madri con lavori che richiedono decisioni frequenti tendono a dare più supporto emotivo e incoraggiamento ai figli e a essere più coinvolte nelle attività scolastiche.

## La potenza nascosta nell'accumulo dei ruoli

La possibilità di utilizzare le competenze apprese per esempio a casa, anche in contesti diversi, come il lavoro, è stata insomma provata da diversi studiosi. In una ricerca del 1987 emerge anche di più: donne dirigenti hanno riferito di come la maternità abbia accresciuto la loro consapevolezza, migliorando la loro efficacia manageriale.[11] Gli uomini non sono esenti dall'effetto positivo dell'avere più ruoli: uno studio dell'anno successivo su dirigenti uomini ha dimostrato che le esperienze personali, come allenare i bambini negli sport, sono state per loro vere e proprie lezioni di leadership.[12]

In queste ricerche, la metà degli intervistati cita almeno una volta spontaneamente il fatto che esperienze non lavorative sono fonti di opportunità per accrescere le proprie facoltà interpersonali. Competenze come la comprensione, la motivazione, il rispetto e la capacità di far crescere professionalmente gli altri.

Altri fanno riferimento al cambiamento di prospettiva che dà l'avere degli impegni al di fuori del lavoro, perché permette di guardare alle questioni professionali in modo più limpido e oggettivo.

**maam al lavoro**

## ILLUMINARE E VALORIZZARE L'INVISIBILE

> La mia vita fuori dal lavoro doveva rimanere invisibile... una zona completamente cieca per i miei capi. Ho sempre fatto più cose nella vita. Quando ero in azienda, giovane impiegata e poi manager nella distribuzione, facevo fatica a parlare delle mie attività parallele. Anzi, mi proteggevo. Tenevo la sera un corso di marketing per una scuola di comunicazione, animavo una volta alla settimana le notti "culturali" di uno spazio di Milano e facevo la volontaria in pronto soccorso. Sembrava che mettere troppo in luce "altro", attività, passioni, voglia di frequentare altre comunità e persone fosse a detrimento del mio "commitment", come dicevano loro, del mio impegno a portare avanti con assoluta abnegazione totalizzante la causa aziendale.[13]

Eccola, la zona cieca di cui parla Francesca, ovvero quella parte di noi che non si deve vedere troppo. Che non interessa perché "etichettata" come privata.
Teniamo ben presente che proprio **riunire ciò che abbiamo strenuamente tenuto separato per troppo tempo è alla base di una pratica attiva di leadership materna.** Si attiva quel travaso indispensabile di competenze da una parte all'altra. Dalla vita al lavoro e viceversa.
Ma il blocco, la cesura tra i due mondi continua ad affannare la vita in molti uffici e organizzazioni.
E le ricerche sempre più numerose lo confermano.
La rivista «Harvard Business Review», già nel 2005, esponeva i dati di una ricerca sul coinvolgimento in attività extralavoro dei manager di una grande multinazionale europea con sedi in tutto il mondo.[14] Dall'indagine emergeva che molti dirigenti appartenenti a minoranze etniche o impiegati nelle sedi all'estero dell'azienda (per esempio donne di colore e impiegati o manager nelle sedi in Sud Africa e in India della multinazionale) erano attivamente impegnati in programmi di sviluppo all'interno delle loro comunità di provenienza. Come mentor e tutor mettevano le loro abilità e

competenze di leadership al servizio della propria comunità religiosa, del volontariato in scuole, chiese e altri enti e centri di aggregazione sociale.
Esercitavano attitudini e talenti totalmente invisibili all'interno degli uffici della loro azienda; applicavano competenze non riconosciute "in ufficio" e di conseguenza impossibili da trasferire e sviluppare ulteriormente nell'ambiente di lavoro.

È indubbio che tutto quello che facciamo, che ci appassiona, che occupa il nostro tempo al di fuori dell'ufficio spesso rimane completamente opaco, nascosto.
E questo accade per volontà dei manager stessi che, intervistati, dichiarano esplicitamente di non voler raccontare ciò che fanno al di fuori dell'ufficio; anzi, di nasconderlo deliberatamente.
Le motivazioni che emergono dalle interviste confermano la volontà di nascondere una diversità che potrebbe mettere in discussione stereotipi e idee consolidate su come si deve stare al lavoro; c'è paura di non essere riconosciuti nel modello predominante, di venire esclusi, emarginati.

> Se parlo di me, pensano che non voglio essere valutata solo per il merito di ciò che faccio al lavoro. Ho uno stile diverso dal loro... non sono aggressiva, gesticolo troppo... Le promozioni si basano sulle apparenze e non sulle reali capacità: se parlo troppo di quello che faccio fuori poi pensano che non sono abbastanza motivata...[15]

Ne emerge che non ci si può fidare a condividere informazioni cosiddette "private" con il proprio datore di lavoro.
È un potenziale, proveniente da pratiche di vita, di relazione e di comunità, che non viene assolutamente capitalizzato e inserito nelle attività per le quali siamo invece pagati.
Una "potenza" che raramente viene considerata, messa in gioco, sfidata anche all'interno di aziende e organizzazioni. Una forza che attinge a un bisogno di realizzazione della propria "potenza" o - come definito in ambito aziendale - del proprio potenziale.
I pregiudizi sono frutto di stereotipi così consolidati che governano la vita

di molti uffici e si preferisce di gran lunga nascondere la propria autenticità, per sforzarsi di entrare nel modello di leadership prevalente, piuttosto che scoprirsi troppo e rischiare di non fare carriera.

Modello di leadership a sua volta conformato su un modello prettamente maschile, fatto di miti, regole e riti precisi, che ha dato forma al mondo economico e organizzativo.

Scardinare questi schemi e riuscire a **mettere in luce il potenziale nascosto e invisibile di ogni persona**, la sua differenza, la sua unicità, le sue pratiche di vita, potrebbe avere effetti miracolosi sulla nostra economia.

Per generare una nuova forma di abbondanza sul lavoro sarà sempre più necessario saper attingere da questo potenziale, saperlo nutrire e supportare.

L'apertura di questa zona cieca - relegata all'ambito del "privato" - scatena effetti positivamente dirompenti sull'ambito pubblico, sul lavoro, sulla professione. Un travaso di energie, di risorse e di entusiasmo che cambia il risultato complessivo della comunità.

Creare all'interno degli uffici una maggiore consapevolezza delle nostre vite "invisibili" è la ricetta per mettere al lavoro il potenziale di ciascuno. La strada maestra per creare un clima di fiducia e di autenticità, come invita a fare Arianna Huffington,[16] la giornalista nota per aver fondato uno dei siti più seguiti al mondo.

"Mi sento apprezzata e riconosciuta per ciò che sono e rappresento fuori da qui e questo mi ha consentito di fiorire anche nella mia azienda" ci dice Laura,[17] lavoratrice presso un'azienda high tech.

**Se non si è disposti a "vedere", ad ascoltare, a fare spazio buttando via idee preconcette, non si può imparare e innovare.**

Cosa vuol dire, però, "usare abilmente le forze di ogni persona"?

Forse saperle riconoscere, indirizzare, farle crescere ed espandere, a costo di prendersi qualche rischio.

Come fanno le mamme con le potenzialità dei loro bambini.

## La transilienza è l'arma segreta di chi ha tanta vita

Alla base di questo libro c'è l'idea di una strada a due direzioni di marcia: **dalla vita al lavoro, dal lavoro alla vita.** Vi scorrono competenze, energie, risorse emotive.

Ci stupisce di più, e quindi spesso citiamo più facilmente, l'utilizzo di competenze familiari in ambito professionale. Ma quante scoperte faremmo se iniziassimo a capire (e utilizzare appieno) come le nostre competenze professionali possono essere trasportate e messe a frutto nella vita privata!

> Abbiamo capito che i collegamenti lavoro-famiglia possono funzionare come dei ponti che aiutano le persone a muoversi agilmente tra e nei due mondi. Ciò che chiamiamo risorse, coinvolgimento e gratificazione emotiva emergono da ogni ruolo. Se è vero che questi tre elementi possono essere un utile modo per creare alleanze tra lavoro e famiglia, va tenuto presente che funzionano a questo scopo solo se vengono usati con intelligenza.[18]

**Noi abbiamo chiamato questa capacità "transilienza"**: una metacompetenza[19] che permette alle competenze e alle energie di fluire da una parte all'altra della vita. Abbiamo preso in prestito il termine dalla fantascienza, e abbiamo poi scoperto che viene usato anche nell'ambito dell'innovazione sociale, con una definizione che mescola le parole "transizione" e "resilienza".[20]

La migliore rappresentazione visiva che possiamo darne è quella della carta dei tarocchi che raffigura la Temperanza: una donna, con in mano due brocche, versa dall'una all'altra un liquido che scorre in entrambe le direzioni.[21]

Allo stesso modo le nostre esperienze, le emozioni e le capacità, tutto di noi non può restare bloccato in rigidi schemi preimpostati: **spogliarci da un ruolo per entrare nel successivo è una fatica, un movimento innaturale**, che ci imprigiona in caselle isolate, vasi non comunicanti che trattengono energia invece di permetterle di scorrere fluida, in modo naturale, in ogni aspetto della nostra vita.

Con la maternità questo paradosso si fa evidente: viviamo un momento in cui aumentano le risorse e aumentano i bisogni, in cui tenere chiuse le porte e trattenere qualunque forma di energia è un delitto che può portare a restare senza riserve, proprio quando la natura ci sta dotando di tutto quel che serve per semplificare, risolvere, vedere.

Talenti, in particolare, che non è necessario relegare alla vita familiare ma che potremmo portare anche sul posto di lavoro. In questo, soprattutto, la maternità è maestra.

Se si sa come fare.

> Molte donne affrontano la maternità senza rendersi conto del suo potenziale di trasformazione. Quasi come se andassero in giro con un tesoro nascosto nel bagagliaio della macchina.[22]

## Una presenza rotonda: qualcosa di molto più ricco e naturale del multitasking

Come cambia quindi il nostro modo di porci nel mondo grazie alla ricchezza del nuovo ruolo acquisito con la maternità, in un momento così ricco di competenze e di energie?

La prima risposta, la più nota e culturalmente e sociologicamente citata, è la nostra rinvigorita capacità di multitasking.

Più aree di interesse, più punti di attenzione, più compiti in successione (o anche in contemporanea), che spesso arrivano in modo imprevisto, **ci allenano a giostrarci da un'attività a un'altra.**

> *Le mamme sono "grandi giocoliere".*

In realtà è dimostrato che il cervello non è fisicamente in grado di prestare attenzione a più cose contemporaneamente. La vera abilità delle mamme è quindi quella di spostare velocemente l'attenzione da una cosa a un'altra, sapendo riconoscere da pochi indizi quale degli eventi che le circondano merita un'attribuzione veloce di "priorità".

> Con la maternità, si è potenziata la mia visione d'insieme, lo sguardo a 360° gradi che integra le priorità con le non priorità in un movimento/scambio continuo alternato. Un pattinaggio fluido bidirezionale (quasi sempre).

> La maternità ha migliorato le mie capacità organizzative, mi ha dato più focalizzazione sulle priorità, mi ha spinta a eliminare il superfluo e a fare meno pause.[23]

> Il concetto di multitasking non rende, è superato. Rende maggiormente **l'idea della rotondità, intesa come capacità di riuscire a ricomporre la complessità**, del fare esercizio di presenza, dell'avere in sé risorse e creatività per affrontare i tanti aspetti della vita nel miglior modo possibile.[24]

Questa "presenza rotonda" diventa una somma di tre capacità: saper riconoscere al volo le priorità, sapersi focalizzare, anche per brevi periodi, e velocità di orientamento di queste due competenze a seconda delle necessità (quindi, più che di multitasking, stiamo qui parlando di una metacompetenza diversa, che chiameremo multishifting – multispostamento).

Il risultato finale è una maggiore capacità di gestire la complessità (e le crisi, anche piccole, ma frequenti).

Dato un certo compito, stendo una scaletta con tutti i passaggi da compiere, questo mi aiuta a organizzare le idee, e li porto a termine uno dopo l'altro. È la stessa cosa che faccio a casa tra le faccende domestiche e l'accudimento dei bimbi.[25]

Quando qualcosa di inaspettato ha bisogno della mia attenzione, va semplicemente subito in cima alla lista. Forse è un'abitudine che mi viene dall'essere madre. Se tuo figlio deve andare subito dal dottore, non è un'interruzione: è una priorità![26]

Sono più organizzata, riesco a lavorare, prendermi cura di mio figlio, della casa, degli amici e avere anche tempo per leggere o fare qualcosa che mi piace. Anni fa, solo lavorando, non riuscivo a essere regolare con le pulizie in casa. Questione di organizzazione.[27]

**Allenarsi tutti i giorni, più ore al giorno, nella gestione della complessità e del cambiamento** – anche elementare, se tale vogliamo considerare spesa, pappe, pannolini, parcheggio, nonni, compleanni, amichetti, capricci, insegnamenti, disegni, gratificazioni, coccole, vestiti eccetera – nutre un'attitudine, quella verso l'**innovazione continua** che tutti possediamo in modo latente, e che la natura contribuisce a rafforzare in chi deve prendersi cura di altri esseri viventi.

Non è cosa da poco. Ci abituiamo a risolvere miriadi di piccole situazioni destinate a cambiare in continuazione. Succede perché i figli crescono, il contesto cambia, le abitudini sono costantemente rimodulate, e in modo molto più rapido e frequente che in una start-up in condizioni economiche turbolente.

Perdiamo quindi il naturale orientamento a replicare il già

fatto, a favore di una predisposizione a **ricercare soluzioni sempre nuove, più adatte alle nuove circostanze**.

Questa "consapevolezza trasformatrice" accompagna le storie delle donne che abbiamo incontrato, ne è anzi il punto d'attacco.

"Il post darwinismo parla dell'*exaptation*: il singolo organismo controbilancia la pressione dell'ambiente cercando il proprio spazio e in questo modo, a sua volta, cambia l'ambiente."[28] Un'attitudine particolarmente preziosa, che può avere ricadute positive sulla gestione del cambiamento, delle crisi e dei problemi.

Anche al lavoro.

---

NEI FOCUS GROUP DI MAAM, dalla viva voce delle donne che ci hanno regalato le loro testimonianze, tutto questo emerge con definizioni che ne chiariscono ulteriormente la forza:

- la **morbidezza**: un equilibrio interno che permette di essere meno severi con sé e con gli altri e di avvertire maggior soddisfazione per ciò che accade ("ora gli errori non mi tengono più sveglia");
- la **pazienza**: maggior capacità di accettare, gestire e tollerare le complessità del contesto professionale e nel rapporto con i colleghi;
- la **forza trasformatrice**: maggior capacità/desiderio di cambiare le cose;
- l'**equilibrio tra razionalità ed emotività**: la composizione delle due parti di sé è più completa, armonica e funzionale ("ora so mettere equilibrio tra parti di me");
- capacità di **essere "fluidi come il mare"**;
- saper **"fare ed essere ponte"**;
- **abituarsi alla non linearità**: costruire un ponte ogni giorno con materiali diversi.

**maam al lavoro**

## SAPER PROSPERARE IN UN VUCA WORLD

La leadership materna è connotata dalla capacità di tenere insieme tutto. Di essere presenti ai diversi impegni, ai bisogni e alle emergenze con un'attenta presenza alternata, una presenza che si sposta e che si dona al 100%, ogni volta, in ciascuna delle diverse attività e priorità.

Al giorno d'oggi, il mondo ci mette davanti a continue sfide. La complessità della vita e del lavoro, in particolare, sembra notevolmente cresciuta. Circa il 90% delle persone interpellate in workshop e convegni ritiene che la complessità sul lavoro sia destinata ancora a crescere; e sostiene anche che la capacità di stare dietro a questa complessità, da parte di tutti noi, non crescerà con lo stesso ritmo.

Che fare allora per relazionarsi con un mondo complesso?
Come interfacciarsi con un mondo VUCA?
VUCA è l'acronimo inglese di *Volatile, Uncertain, Complex, Ambiguous*.

- **Volatile**: il cambiamento è continuo, accade ogni attimo su larga scala e coinvolge tutti i settori.
- **Uncertain, incerto**: predire il futuro è ormai impossibile, fare piani a più di uno o due anni è anacronistico. Si possono solo ipotizzare tendenze, orientare con le scelte di oggi il realizzarsi di possibili diversi scenari alternativi.
- **Complex, complesso**: le sfide di oggi sono correlate a diversi fattori, a nuove connessioni e interdipendenze tra le cose. È necessario valutare più variabili provenienti da esperienze e competenze differenti, a volte anche in contrasto tra loro.
- **Ambiguous, ambiguo**: non è più possibile avere in mente e proporre soluzioni chiare e definitive. Una volta esistevano problemi semplici di cui si conoscevano l'ambito e la soluzione. Oppure c'erano problemi complessi di cui si conoscevano gli ambiti ma non la soluzione. Oggi i problemi sono diventati "cattivi", impossibili: non ne conosciamo i

confini, talvolta non riusciamo nemmeno a focalizzare quale sia il problema, tantomeno ne conosciamo la soluzione.

In un mondo VUCA il "mindset", la mentalità, non può più essere orientato alla ricerca di una soluzione.
Quello è un approccio del passato, frutto di una visione e un'esperienza di origine maschile. Una modalità binaria – *"ho un problema, devo trovare la soluzione"* – che non intendiamo buttare via o superare. Ma possiamo affiancarle un nuovo "mindset", un'altra possibilità.
**È necessario offrirsi la possibilità di riconoscere la complessità che ci circonda, nominarla, dialogare con essa, metterla in relazione con noi.**
Analizzare attentamente per sciogliere i problemi. Senza pensare in partenza di risolverli.
È un mindset nuovo, che parte da una postura di attenzione focalizzata, di presenza e di riconoscimento del valore di ciò che accade. È una saggezza antica che richiede pratica. Una pratica che "tiene insieme" le cose, le osserva, le analizza, ne considera tutti gli aspetti. Un'osservazione puntigliosa e metodica della realtà che mette in gioco anche colei o colui che osserva. Li rende partecipi di questa complessità. La include.
**Possiamo comprendere i problemi di oggi solo se ne riconosciamo la complessità, se navighiamo agilmente tra dinamiche contrapposte, con un esercizio di osservazione e consapevolezza.**
Disarticolare i problemi col nostro sguardo ci aiuta a scioglierne i nodi; familiarizzare con la complessità dentro e fuori di noi ci aiuta a capire in quale punto introdurre la leva e sollevare il macigno, facendo meno fatica.

Rotonde, in perenne cambiamento, un po' rappacificate con le imperfezioni di se stesse e della vita, anche grazie a un ego meno impegnativo da nutrire e rassicurare, le donne possono fare tesoro del loro nuovo ventaglio di competenze anche per stabilire alleanze nuove, su basi molto più flessibili e resilienti.

**Adesso possono puntare uno sguardo meno esigente su un mondo diventato più complesso**, in cui l'istinto di sopravvivenza ha ridotto il bisogno di perfezione che il modello della "brava ragazza" ha loro inculcato da piccole.

Un mondo in cui, amando intensamente i propri figli, hanno allenato la capacità di amare, anch'essa evidentemente in grado di tracimare (verso se stesse e verso gli altri).

Dotate così di pazienza, empatia e voglia di cambiare (un po') il mondo, le mamme potranno essere in grado di inaugurare una nuova generazione di relazioni, con dentro qualcosa di magico.

## Note

1. L'esperta di genitorialità Penelope Leach utilizza il concetto dello specchio per suggerire che inizialmente i bambini si vedono come li vedono i genitori.
2. Intervista compiuta nell'ambito della ricerca maam (luglio-ottobre 2013).
3. Nadine F. Marks, Ph.D., Department of Human Development and Family Studies, University of Wisconsin-Madison.
4. M. N. Ruderman, P. J. Ohlott, K. Pauser, S. N. King, *Benefits of Multiple Roles for Managerial Women*, «The Academy of Management Journal», 2002.
5. *Ibidem*.
6. Luisa Pogliana, *Le donne il management la differenza. Un altro modo di governare le aziende*, Guerini e Associati, Milano 2012.
7. Ellen Galinsky, *Ask the Children*, Harper Paperbacks, New York 2000.
8. Intervista compiuta nell'ambito della ricerca maam (luglio-ottobre 2013).
9. Dal sondaggio maam (giugno 2014).
10. *Ibidem*.
11. A. M. Morrison, R. P. White, E. Van Velsor, *Breaking the Glass Ceiling*, Addison-Wesley Publ. Company, Boston 1987.
12. M. W. McCall, M. M. Lombardo, A. M. Morrison, *The Lessons of Experience*, Lexington Books, New York 1988.
13. Intervista compiuta nell'ambito della ricerca maam (luglio-ottobre 2013).
14. S. A. Hewlett, C. Buck Luce, C. West, *Leadership in Your Midst: Tapping the Hidden Strenghts of Minority Executives*, «Harvard Business Review», 2005.
15. Intervista compiuta nell'ambito della ricerca maam (luglio-ottobre 2013).
16. www.huffingtonpost.it. Si veda anche Arianna Huffington, *Cambiare passo. Oltre il denaro e il potere: la terza metrica per ridefinire successo e felicità*, Rizzoli, Milano 2014.
17. Intervista compiuta nell'ambito della ricerca maam (luglio-ottobre 2013).
18. S. D. Friedman, J. H. Greenhaus, *Work and Family: Allies or Enemies?*, Oxford University Press, 2000.
19. La metacompetenza è una competenza delle competenze. È una caratteristica trasversale, acquisirla ha effetti su più capacità contemporaneamente. Per esempio, l'agilità mentale è una metacompetenza che rende efficaci più capacità intellettive.

20. Abernathy e Clark (1985) hanno proposto il termine "transilienza", formato da due parole: transizione e resilienza. Esso descrive la capacità di rimbalzare nel cambiamento.
21. La Temperanza simboleggia il continuo fluire della vita, il rinascere dopo la morte, l'energia vitale che non si disperde ma è come liquido continuamente versato da un contenitore a un altro per divenire fonte di rigenerazione. Fonte: progetto "Monumento Rariora" della Scuola Normale Superiore di Pisa.
22. C. H. Kinsley, K. G. Lambert, *The Maternal Brain*, cit.
23. Dal sondaggio maam (giugno 2014).
24. Intervista compiuta nell'ambito della ricerca maam (luglio-ottobre 2013).
25. Dal sondaggio maam (giugno 2014).
26. Barbara Grogan, presidente di una società di appalti industriali di Denver, citata in Moe Grzelakowski, *Mother Leads Best*, cit.
27. Dal sondaggio maam (giugno 2014).
28. Luisa Pogliana, *Le donne il management la differenza. Un altro modo di governare le aziende*, cit.

CAPITOLO 3
# Maestra di sentimenti e di alleanze

*Dove si scopre che gli altri li riconosci, li accetti, li ascolti e li guidi (se serve)*

## Attacchi o scappi? No: cura e crea alleanze!

Si dice che le donne non sappiano "fare rete". Si dice sia perché da piccole non praticano molto sport, soprattutto di squadra, e non seguono il calcio, e che per questo siano meno capaci di perdere e meno portate a creare alleanze. Si dice anche che sul lavoro siano le peggiori nemiche le une delle altre, in eterna competizione. E se ne parla come se fosse un istinto innato. Invece, il primo assunto è biologicamente sbagliato, il secondo è una devianza culturale.

Ma proviamo a vedere in che senso.

Quello che istintivamente le donne non amano nelle gare sportive è l'idea che qualcuno debba perdere perché qualcun altro vinca. Questo perché, sin dalla preistoria, **le donne creano alleanze che hanno come obiettivo la vittoria (ovvero la sopravvivenza) dell'intera comunità**. Abituate alla propria condizione di debolezza fisica, nei conflitti non cercano qualcuno da battere, ma la combinazione a più basso spargimento di sangue. Perché, se ci sarà del sangue, sarà probabilmente anche il loro (o dei loro figli).

Vincere senza combattere, pertanto, è per le donne la migliore vittoria.

*La maternità è un master*

LE NEUROSCIENZE ci dicono che tutto quello che facciamo nella vita ha come obiettivo ultimo la riduzione dello stress.
La ragione è primordiale: per i nostri antenati preistorici lo stress era il segnale di pericoli mortali. Quindi saper reagire velocemente era il migliore istinto di sopravvivenza, e abbassare lo stress equivaleva a sopravvivere.
Il nostro cervello si è organizzato di conseguenza. E conosce due strade da seguire:

- la "via bassa", che porta i segnali di pericolo direttamente all'amigdala, un pezzo del nostro cervello grande quanto una mandorla che si trova lì da milioni di anni, e che reagisce velocissimamente alle sollecitazioni – ma non sempre in modo intelligente;
- la "via alta", che porta lo stesso segnale alla corteccia prefrontale, la parte più evoluta del cervello, che reagisce con maggiore assennatezza – e lentezza.

Quanto più siamo evoluti, tanto più la corteccia prefrontale riesce a comandare l'amigdala. Ciò avviene in moltissime situazioni quotidiane. In alcune, invece, è l'amigdala, l'istinto a prendere il controllo, facendoci spostare se sta per investirci un'auto, o scappare se sentiamo un odore sospetto. A voler un po' semplificare, l'amigdala ci salva la vita, la corteccia prefrontale ci protegge dall'eccesso di stress.
Sia le neuroscienze sia le scienze comportamentali hanno dimostrato che **in una situazione di pericolo l'uomo normalmente reagisce attaccando o scappando**. Queste due modalità di gestione dello stress, in inglese "fight or flight", sono la spina dorsale di buona parte delle teorie sociologiche, psicologiche e di management. Insomma, in situazioni di stress, l'uomo attacca oppure scappa: è un istinto talmente primordiale e inciso nel DNA che nessuna scienza comportamentale può ignorarlo.
In realtà, a ben vedere, alle donne viene raramente voglia di scappa-

re e quasi mai di attaccare. La ragione è ovvia. Minute, con la prole attaccata al seno, o comunque non volendo abbandonare i piccoli, come potevano, alle origini del mondo, correre veloci per scappare da un predatore? O, in modo ancora meno verosimile, attaccarlo? Il loro compito era quello di proteggere, ma con altri metodi.

Verso gli anni '80, un gruppo di scienziate ha iniziato a investigare la reazione delle donne allo stress. Prima di allora, purtroppo, i campioni di persone coinvolte in studi di questo tipo avevano sempre visto una sovra-rappresentazione del maschile. E la ragione scientifica addotta, per quanto possa sembrare incredibile, era che le donne erano soggette a sbalzi ormonali, quindi meno attendibili in laboratorio.

Indagando i comportamenti femminili si è capito che **le donne reagiscono allo stress in maniera ben diversa dagli uomini: "hanno cura" e "creano alleanze"** (parole nuove, per uno schema che non era mai stato immaginato). La scoperta è stata grande, lo stupore un po' meno. Le femmine umane della preistoria si difendevano infatti dai pericoli creando primitive reti "sociali" nella caverna, una sorta di mappa di punti sicuri sul territorio. Alleanze a monte, che le rendevano più forti nel momento del pericolo. E poi, davanti all'attacco, la "cura", la protezione dei piccoli.

Appare chiaro, allora, il motivo per cui nelle donne l'attività di cura abbassa i livelli di stress.

Una ricerca del 1997[1] ha infatti rivelato che, nei giorni in cui lo stress sul lavoro raggiunge i livelli più alti, a casa le madri sono più affettuose con i figli. Un effetto che sembra essere inizialmente generato dalla maggiore produzione di ossitocina, che premia tali comportamenti, e che successivamente, quando l'impatto calmante di questa attitudine viene "appreso" cognitivamente e quindi ripetuto, viene "ordinato" dalla neocorteccia.

L'attività di cura che riusciva ad abbassare il livello di stress nel cervello delle nostre antenate sembra quindi funzionare ancora oggi.

La competizione tra donne sul lavoro sarebbe, comunemente, un altro segnale della loro incapacità di fare squadra. In realtà ha due cause che hanno ben poco a che fare con la loro indole sociale, ma piuttosto con il loro pensiero.

Immaginiamoci le donne, ultime arrivate nel mondo del lavoro, come degli esordienti che entrano in un campo di serie A, con regole tutte da capire e pensate per una partita ideata a misura di altri, che quel gioco, inoltre, lo praticano da più tempo. Una certa ansia da prestazione è scontata. Come lo è la fatica – che arriva inaspettata – quando le donne si accorgono che molte di quelle regole non corrispondono al loro modo di vedere. Così l'esperienza assomiglia un po' a quella di nuotare controcorrente, e lascia poche energie per creare alleanze strategiche.

Ma la fatica delle donne nel mondo del lavoro ha anche un altro motivo. Poche rispetto ai colleghi uomini, e isolate, dopo aver sacrificato molte delle cose cui tengono per arrivare a sedere ai tavoli dove si decide, prevale in loro un istinto di sopravvivenza che hanno affinato lungo la carriera, interiorizzando il principio "io vinco/tu perdi", che dirigono principalmente verso le proprie simili. È difficile costruire territori comuni e creare aree di fiducia quando la propria identità professionale è il risultato di uno sforzo inconsapevole per diventare qualcosa che non fa parte della propria natura. Se l'alleanza tra donne nasce per proteggere la comunità e ha un obiettivo di cura, questi sono elementi che le donne manager non ritrovano nelle caverne-ufficio del terzo millennio, tanto meno quando rompono il tetto di cristallo e raggiungono le caverne dei piani superiori.[2]

## Come cambia l'identità con la maternità: una testimonianza

> Prima di diventare madre, le relazioni per me erano un problema. A causa di una certa insicurezza che mi portavo dietro

dall'infanzia, non mi era mai chiaro "dove" collocarmi in un rapporto che non fosse a due. Quale fosse il mio posto "nella rete". Anzi, non vedevo neanche la rete. Vedevo me e gli altri in un rapporto duale in cui, a seconda delle circostanze, esprimevo la parte più appropriata di me, o quella che consideravo tale. Con una certa dose di fatica e qualche punto di domanda. Oggi capisco che non mi ero definita. Viaggiavo ad alta velocità verso una meta professionale, ed era questa a definirmi, anche se parzialmente, consentendomi di non definirmi del tutto. Non sapevo cosa vedevano gli altri e perché dovessero relazionarsi con me. Riflettevo qualcosa di ognuno di loro senza riuscire a comporre in modo unitario tutte le mie facce. La relazione uno a molti mi metteva in difficoltà.

La nascita di mia figlia ha dato un posto a ogni cosa. L'identità di madre è il vestito più naturale e antico del mondo. Ti si cuce addosso per nove mesi, e quando il bambino nasce sei ormai tratteggiata quasi al dettaglio. Non hai più bisogno di definirti e di domandarti, né di interpretare per ogni persona il tuo e il suo ruolo, individuando il legame più appropriato. Nella rete sociale che tessi istintivamente sin dal primo giorno e che ti salverà dal punto di vista pratico ed emotivo, tutti gli elementi trovano spontaneamente il proprio posto.[3]

> *La capacità di creare alleanze per proteggere la specie è specifica delle donne quanto l'istinto alla lotta (e alla fuga) lo è degli uomini.*

Per ovvie ragioni fisiche, sin dalla preistoria la capacità di sopravvivenza delle femmine era legata più alla loro forza di gruppo che a quella individuale. Di fronte al pericolo, per una madre l'attacco era l'ultima reazione disperata. Lavorava molto di più sul "prima": assicurarsi un ambiente favorevole e protetto, una rete di alleanze con altre femmine (i maschi erano i primi a scomparire, che fosse per andare all'attacco o per scappare, e non di rado erano addirittura la fonte del pericolo) e la possibilità di nascondersi insieme ai propri piccoli senza mai smettere di accudirli.

È dimostrato che, in condizioni di stress, da milioni di anni il desiderio di fare gruppo è più forte nelle femmine che nei maschi. Si tratta di una delle differenze di genere più rilevanti nel comportamento delle persone adulte.[4] Ma la cosa più interessante è che **la tendenza di affiliazione delle donne è selettiva**: fanno gruppo solo se trovano altre donne e, di fronte all'opportunità di farlo con degli uomini sconosciuti, preferiscono restare sole.[5]

Altro dato interessante è che le relazioni degli uomini, invece, sembrano spesso enfatizzare gerarchie e situazioni di potere, piuttosto che legami realmente intimi.[6] Le donne, diversamente, mostrano comportamenti più genuinamente affiliativi, come apertura, attenzione, cortesia, e interagiscono a distanze inferiori di quelle degli uomini.[7]

> Sono a capo di un team di quasi sole donne, ne capisco le esigenze di flessibilità di orario, perché su sei persone siamo in tre a essere mamme di minori. Ho appena assunto una donna con un bimbo di 18 mesi, messa in mobilità da una multinazionale. È brava, rapida, precisa. Se hai una persona speciale che ti aspetta a casa non perdi tempo in inutili riunioni e caffè.

> Mi sento parte di una categoria super partes, universale. Con le donne che hanno figli, comunichiamo quasi in codice. Con chi non ne ha, invece, mi sento molto protettiva.

> Il mio rapporto con le altre donne è cambiato dopo la maternità: sento maggiore empatia. Mi sento più collaborativa, come se essere diventata madre mi avesse *allineata* con la stirpe femminile. Sono donne come me, madri o senza figli. Sono come me,

ora lo vedo. Difficoltà, gioie, dolori e creatività, lo stesso potenziale vitale... Avere una figlia mi ha portato ad avere più rispetto e solidarietà e meno competitività nell'ambiente lavorativo.[8]

**L'arrivo di un figlio risolve molte domande identitarie che le donne si pongono** – e forse oggi che la loro identità è in costante cambiamento se le pongono più di prima – collocandole in modo immediato in un contesto sociale. La rete di relazioni non può esaurirsi nella condizione di madre, ma si tratta di un buon punto di partenza. Anche perché la maternità dota di alcuni poteri che facilitano le relazioni.

## Esserci, con tutti i sensi

Abbiamo visto come tutte le nostre trasformazioni neurologiche siano legate principalmente alla sfida della sopravvivenza. Una delle magie della maternità è l'aumento di densità delle spine dendritiche, cioè le protrusioni dei neuroni verso altri neuroni alle cui estremità vi sono le sinapsi: in altre parole le nostre "antenne" per elaborare i segnali che riceviamo dall'ambiente circostante.

Il bisogno di tenere sotto controllo l'ambiente e individuare velocemente i pericoli aumenta quindi l'intuito della madre, portandola a sviluppare un vero e proprio sesto senso.

Oggi che dell'istinto ci fidiamo poco, tendiamo a ignorare, anche un po' infastidite, **quelle vibrazioni vicino all'orecchio che ci segnalano qualcosa di strano**, ma fino a poche migliaia di anni ci fa salvavano la vita. Possono tornare utili in luoghi pubblici come i parchi giochi e i supermercati: in maniera istintiva, senza accorgersene, il cervello "potenziato" della madre scansiona l'area e accende una spia se qualcosa non torna, emerge, stona. Il suo compito è individuare rapidamente e segnalare le anomalie.

Un altro senso che la maternità rende più sviluppato è l'olfatto. Antenne da una parte e potenziamento dell'olfatto dall'altra rappresentano in pratica dei **canali in entrata aggiuntivi** – insieme alla fiducia in una natura che non perde mai di vista il proprio obiettivo – utili quando vogliamo essere efficienti e brave nella relazione. Cogliere più dettagli dello stato d'animo di chi abbiamo di fronte ci aiuta, infatti, a individuare meglio la chiave di comunicazione che ne accenderà l'attenzione. **Saper guardare, ascoltare e riconoscere emozioni e stati d'animo** è il primo passo di una comunicazione efficace, e la comunicazione è alla base della relazione.

**maam al lavoro**

## SAPER CONQUISTARE IL MOMENTO PRESENTE

A volte è più naturale, altre sembra impossibile, eppure conquistare il momento presente vuol dire saper "esserci". Una competenza (come sostiene la teologa tedesca Ina Praetorius)[9] più tipicamente femminile e che deriva dallo stare dentro, immersi nelle cose della vita. Uno sguardo "da vicino" che le donne hanno allenato da secoli esercitando la cura ai fatti e alle relazioni intime della casa, della comunità.

**Il saper esserci è una qualità che si incontra in molte professioni artigiane e artistiche**; un fare con tutti i sensi allertati e vigili, un sapere come stare lì concentrati sul momento presente.

Saper esserci nell'osservazione silenziosa di un panorama, di un oggetto, nell'ascolto profondo di un collega, di un amico, di un figlio. Conquistare il "qui e ora".

Eppure la nostra mente è come una "scimmia", e vuole sempre saltare da un ramo all'altro. Andare altrove.

La divagazione è tipica della mente, è il suo meccanismo di funzionamento di "default".

Una ricerca dell'Università di Harvard su 2.250 volontari ha dimostrato che gli esseri umani passano gran parte del loro tempo a pensare al passato o a immaginare scenari, possibilità, accadimenti futuri.[10] Siamo capaci di stare nel "qui e ora" meno della metà del nostro tempo, per circa il 47%.

**In questa età dominata dalla tecnica e dalla velocità, multitasking è una parola "sbandierata" spesso con orgoglio, ma che nasconde forme perniciose di svalutazione rispetto a ciò che si sta facendo.** È un degradare i singoli gesti, le attività, le conversazioni e le relazioni in nome di un efficientismo ossessivo che produce stress personale e povertà relazionale.

Tutto contribuisce a distrarci, anche ciò che ci piace e desideriamo. Non riusciamo più ad avere una relazione vera con ciò che sentiamo. Non siamo mai veramente presenti in ciò che facciamo, nelle relazioni con gli altri e con noi stessi.

Il bombardamento di sms, social network, email, stressa il cervello con informazioni eccessive, un'ipersollecitazione che degenera in varie forme di stress e in molti casi in vere e proprie "epidemie di stanchezza" (sindrome da deficit di attenzione), sia sul lavoro sia nella vita. Da cui il successo e la rapida diffusione di pratiche di "consapevolezza" negli uffici, nelle scuole, negli ospedali e nelle istituzioni. Un boom planetario, definito dalla copertina del «Time» del 3 febbraio 2014 "Mindful Revolution", una rivoluzione gentile spiegata dalle parole del suo fondatore Jon Kabat Zinn come "un modo di prestare un'attenzione focalizzata, rivolta intenzionalmente al momento presente, in modo non giudicante". Una strada per ritrovare il benessere interiore e relazionale attraverso la presenza a se stessi e a ciò che ci circonda.

L'attenzione è dunque un bene sempre più scarso, potremmo dire una forma di "potere" che abbiamo disimparato a usare. Un potere buono, invece, perché la cosa su cui ci si concentra è quella che si trasforma per il meglio, che si "realizza". **Concentrarsi su un'attività alla volta funziona non solo con i figli, ma in tutte le cose che facciamo.** Prestare attenzione con tutto il corpo, con tutti i sensi a chi abbiamo di fronte, in privato, in una riunione, mentre rispondiamo a un'email, mentre mangiamo. **L'attenzione porta connessione, relazione, autenticità e abbondanza.** L'attenzione vigile e dedicata è una forma di amore che ci mette in condizione di vedere e valorizzare il meglio degli altri. Di incontrare l'altro a un livello più profondo.

**In linguaggio aziendale, attenzione sta per performance.**
Sul lavoro una delle cause che più contribuiscono a creare ambienti poco funzionali è proprio questa incapacità di presenza. La presenza non si può fingere; c'è sempre qualcosa che ci smentisce se non siamo presenti con autenticità. Esserci è diventare capaci di entrare nella realtà con tutti i sensi. Esserci è vedere e sentire meglio.
Abbiamo tutti bisogno della presenza attiva dell'altro, per essere visti, incontrati, ascoltati, riconosciuti.

*Non si vede bene che col cuore. L'essenziale è invisibile agli occhi.*
*(Antoine de Saint-Exupéry, Il piccolo principe)*

## Insieme, costruiamo la rete sociale

Lo sviluppo di competenze che porta la donna da una situazione di *monadismo* alla costruzione di una rete sociale dall'efficienza raffinata si può semplificare in tre passi.

### Passo 1: riconosco il mio bisogno degli altri

Da bambini, il bisogno è parte fondamentale e quotidiana della vita. Un neonato ha bisogno di tutto, non si domanda neanche se questo stato cambierà e la cosa non sembra dargli alcun fastidio.

Crescere, guadagnare indipendenza, ha molto a che vedere con la diminuzione del numero di bisogni che si hanno, e quindi con la capacità di diventare autonomi, autosufficienti.

Bastare a se stesse, guadagnando così la piena libertà, è l'obiettivo che le donne si pongono sin dall'adolescenza, e che si compie con l'indipendenza economica, tanto più importante perché si tratta di una conquista recente. "Io sono mia" è una frase che riecheggia nei corridoi poco frequentati ma comunque noti del femminismo, e per le donne che lavorano si traduce oggi nel voler essere brave, preparate, toste. Nel non aver bisogno di niente e di nessuno.

Anche sul lavoro, a volte viene rimproverato loro proprio questo eccesso di autonomia, questo atteggiamento da "prime della classe".

La maternità mette le donne di fronte a una nuova classe di bisogni, bisogni "da adulte". Ma questa nuova condizione, invece di proiettarle ancora di più in un cielo di indipendenza, le rende di nuovo bisognose dell'aiuto degli altri.

Ne hanno bisogno per rimettere le cose in equilibrio, i primi tempi anche per le necessità più basilari. Ma le donne hanno soprattutto bisogno di qualcuno che condivida tutte le gioie e gli impegni che 4-5 chili di amore possono generare.

La neomamma, se il papà non è uno di quelli che hanno voglia e testa per fare la loro parte, coordina e decide quasi tutto da sé, ma la sua serenità dipende dalla capacità di delegare. Di lasciare che gli altri facciano a modo proprio, di riconoscere i diversi ruoli e accettarli. Di consentire che nelle piccole cose quotidiane ci siano anche stili e approcci diversi.

Banale, ma per una donna spesso cedere il controllo, apprezzare un risultato diverso da quello che aveva in mente, è una missione impossibile.

L'eccesso di vizi dei nonni, la mollezza della babysitter, la fisicità irruente del papà, la rigidità della maestra, la complicità tenera col vicino di casa. Tanti pezzi diversi di vita che raccontano ai figli una storia interpretata da tanti, oltre che dalla mamma.

> *Se fa pace con l'idea di non bastare a tutto, la donna torna al lavoro con una marcia in più.*

"La capacità di delega era un aspetto forte in casa, ma debole al lavoro, per paura di perdere autorevolezza" ci ha detto una delle partecipanti ai nostri focus group. Riconoscerlo è stato il primo passo per portare anche al lavoro qualcosa che le rendeva più facile la vita a casa.

> La maternità ha migliorato la mia capacità di dare priorità, di essere pragmatica, di gestire il tempo e le risorse.
> La capacità di ascolto attivo, di contenimento dell'ansia, di restituzione del feedback. La capacità di finalizzare gli sforzi perché non posso permettermi di spendere energie che non portino a un risultato.
> La capacità di delega (questa me l'ha imposta soprattutto il terzo figlio) e di condivisione degli obiettivi, di agire come un team e di pensare che si vince solo se si vince tutti.[11]

**maam al lavoro**

## SAPERSI ALLEARE E SAPER DELEGARE

Durante la maternità impariamo a riconoscere che non bastiamo. E a casa, come al lavoro, diventa fondamentale saper apprezzare la varietà e la diversità di stimoli e approcci. Utili per me, per la mia famiglia, per il mio progetto, per il noi.
Finché rimaniamo chiusi in una posizione di controllo – sul mio io, sulle mie idee, su quello che so e faccio – abbiamo la sensazione che il mondo ruoti intorno a noi. Ma cedere il controllo significa uscire da se stessi. Il primo passo della costruzione di una partnership o dell'esercizio di una delega risiede proprio in una spoliazione da noi stessi.
E poi c'è la scelta.
**Alla base di un'alleanza e di una partnership c'è la volontà di selezionare con chi costruire – per vicinanza, affinità, affetto e competenza – un sistema di relazioni.** Realizzare un sistema forgiato da legami forti, da un obiettivo chiaro a tutti e assertivamente condiviso e comunicato. Ottenere un risultato atteso o un'intenzione di crescita e di benessere per chi viene colpito direttamente da questo sistema di relazioni. Solo dopo aver scelto con consapevolezza i nostri partner, il network di supporto, possiamo quindi delegare in modo autentico. Senza paura. Senza il timore di perdere autorevolezza. **Far scattare solidarietà, complicità, condivisione.**

Se la delega proprio non riesce, vuol dire che forse la scelta dei partner è stata sbagliata o forse si è faticato a legittimare l'autonomia di azione di altri intorno a noi. La competizione con gli alleati, con i partner che scegliamo per coltivare e nutrire un progetto di vita o di lavoro, non può esistere. Se c'è, vuol dire che ci reputiamo indipendenti, che non consideriamo veramente importanti i nostri alleati e che dunque, potendo, faremmo a meno di loro.
La paura è figlia dell'ego, dell'indispensabilità che crediamo di avere rispetto alle situazioni, e della nostra scarsa fiducia. Non essere in grado

di delegare significa di fatto non essere in grado di "uscire" da se stessi e dalle proprie forme di controllo del mondo.

> Voglio che il mio team possa progredire insieme al nostro progetto. Che le persone si costruiscano le capacità che servono, si procurino le informazioni e le risorse che mancano. Ma questa cosa la voglio fare con loro. Li ho scelti e non li metterò mai in competizione con me o con altri nuovi interlocutori... mai. Ho deciso di ascoltarli, di non essere rigida su ciò che credevo o volevo da loro.[12]

Se scegliamo un partner, un team, è lei, è lui, quel partner, quel team che vogliamo. Ed è la crescita di quella persona e di quel team che ci stanno a cuore. Non solo lo sviluppo del progetto o della causa comune. È insieme che possiamo essere e fare un "pezzo" in più.
Se mettiamo l'altro in condizione di stare accanto ai nostri bisogni nel modo migliore, ne accettiamo anche lo stile e ne apprezziamo i risultati, specialmente quando sono diversi da come li immaginavamo.

> *Riuscire a delegare, insomma, vuol dire voler "vedere" altro.*
> *Voler "ottenere" altro. Accettare che il soggetto o il progetto*
> *di cui ci prendiamo cura possano sorprenderci, meravigliarci.*
> *E superarsi.*

## Passo 2: imparo a essere un leader senza potere

Se essere leader sul lavoro è una sfida, esserlo a casa con i propri consanguinei, nonni, zii e parenti, sembra un'utopia.
Eppure sappiamo che questa fantastica truppa di volenterosi innamorati di nostro figlio ha bisogno di una guida. E non solo per riempire il frigo, fare lavatrici, comprare magliette lilla per la recita, fissare l'appuntamento dal pediatra, prendere i calzini antiscivolo. La guida dovrà anche accertarsi che tutti i *collaboratori* si muovano attorno alla stessa melodia. Un senso d'insieme, insomma.
**Vista così, la nascita di un figlio diventa una start-up.**
Ma una start-up in cui l'abilità sta tutta nel costruire uno scopo comune e accertarsi che tutti lo conoscano, lo accettino e lo perseguano. Facile, no?
Essere capi senza galloni è anche uno dei temi delle organizzazioni oggi. Team che si creano su obiettivi, quindi in modo temporaneo, oppure ruoli di staff trasversali agli altri, richiedono sempre più spesso una forma di guida basata sulla personalità e la persuasione. Dal potere all'influenza, l'onere della prova si sposta dalla strategia aziendale al carisma del singolo. Vediamo quindi che cosa ci insegnano le mamme.

"Proprio come nel lavoro educativo con i figli, anche nel contesto lavorativo è più funzionale far sì che il progetto riesca ad attrarre tutti verso l'obiettivo, senza costringere" ci ha detto la partner di un importante studio legale.
Perché questo avvenga, il progetto – che si esprime non solo nella grande visione complessiva, ma anche nelle sue declinazioni di piccoli obiettivi quotidiani – deve essere chiaro a tutti. Siamo tutti d'accordo sull'obiettivo finale del benessere del pupo? Difficile che qualcuno dica di no. Ma l'obiettivo comune lo si raggiunge spesso per troppe strade diverse, e qui deve intervenire la nostra leadership.

Come convincere, coinvolgere e farsi capire da tutta la truppa? Con estrema attenzione su alcune aree di comunicazione sempre molto critiche, che la maternità allena quotidianamente: **esprimersi con chiarezza, saper ascoltare, saper motivare, e sollecitare un ritorno delle nostre comunicazioni.**

## 1. La chiarezza e l'ascolto

Maledetta fretta. Purtroppo, nelle nostre vite, la fretta continua giustifica tutto, anche la mancanza di un'adeguata traduzione dei pensieri in parole. Pensare di parlare una lingua comune ci autorizza a dare le sfumature per scontate. Ma ci sbagliamo.

Un misto di fretta e timidezza (penserà che lo sto trattando da stupido, se gli chiedo se ha capito e di ripetermi cosa ho detto?), infatti, causa gli equivoci più dannosi, quelli che, quando poi esplodono, nel migliore dei casi mandano a rotoli le giornate.

Dedicare più tempo a spiegarsi "prima" accorcia il tempo da dedicare a un chiarimento "dopo". Dedicare poco tempo alle istruzioni, alle descrizioni "prima" costringe a una serie infinita di messe a punto "dopo". Con un dispendio di tempo ed energie che può essere doppio o anche triplo.

Ce lo insegnano i bambini, non appena intuiscono che abbiamo fretta. Niente li delizia di più del farci perdere tempo, testando il nostro punto di rottura. Ne consegue che con loro l'unico modo per essere veloci è proprio dedicargli tempo e non fargli capire la nostra urgenza. Prestare tutta l'attenzione e tutto il tempo necessari alla ricerca della pallina verde senza cui non si può uscire di casa, per evitare di spendere le due ore successive sulla soglia con un bambino piantato per terra a piangere. Abbiamo reso l'idea?

Anche per questo **la maternità è una fantastica palestra di competenze comunicative**.

Le mamme le affinano e le praticano su interlocutori di tutte le età, spesso anche poco maturi.
Ma soprattutto praticano l'ascolto, che della chiarezza è la condizione primaria.

> *Un lungo ascolto (di tutti i segnali, non solo delle parole) accorcia il bisogno di spiegazioni.*

Quello che dicono gli altri crea la cornice ideale in cui inserire il nostro messaggio rendendolo efficace. L'ascolto, il focus, l'attenzione, che anche le più dense spine dendritiche permettono, aumentano l'efficienza delle comunicazioni.

> Si è trasformato il rapporto con il cliente: ora lo ascolto di più, ho più attenzione nei suoi confronti, analizzo meglio perché ho un più aperto e sensibile campo osservativo, vedo e sono interessata a più cose, ho un sesto senso.
>
> Sono medico, e l'ascolto e la pazienza sono due aspetti fondamentali. Solo ascoltando bene il paziente, i segnali che il suo corpo mi invia, posso arrivare a una diagnosi.
> Ascolto e pazienza sono indispensabili anche con i figli, soprattutto i più piccoli. Quindi credo di essere cresciuta sia come madre che come medico. I pazienti mi vogliono bene, mi cercano e dicono di apprezzarmi proprio perché mi trovano dolce e disponibile all'ascolto.[13]

Sgombrato il canale di comunicazione in entrambe le direzioni e trovato l'accordo sul linguaggio comune, la mamma-leader deve dare a ognuno un buon motivo per suonare il proprio strumento in sintonia con quelli degli altri. **Il miglior modo per motivare tutti a dare il meglio è la capacità di delega.**
Molte delle manager intervistate da Moe Grzelakowski nel suo *Mother Leads Best* hanno messo in evidenza come solo la

maternità, e quindi il bisogno vitale di avere più tempo per altro che non fosse il lavoro, ha insegnato loro a delegare.

Ma attenzione, delegare e non micro-gestire, che equivale a dare compiti frammentati e controllare che siano eseguiti uno a uno.

> La competenza più citata? Motivare o ispirare gli altri. Non sorprende. Infatti sospetto che sia il nodo centrale della genitorialità: come convinco questa persona – in apparenza dotata di una volontà propria – a fare quello che voglio che faccia? Tipo mangiare. E dormire. E imparare a usare il bagno. Dopo aver fatto questo, fissare dei *key performance indicator* è una passeggiata.[14]

> A motivare ero già molto brava prima, ora lo sono ancora di più. Sprono le persone... prospetto loro nuovi scenari di crescita con più efficacia.[15]

## 2. La gestione del no

Anche il più efficace degli ascolti e la più limpida delle spiegazioni non impediscono che, in una situazione di relazioni ramificate su più piani – affetto, utilità, praticità, cura – e cariche di aspettative, ci sia un grande bisogno della messa a punto postazione. Il cosiddetto feedback. Insomma, domandarci: "Come è andata?". Ma soprattutto, come si gestiscono le eventuali dissonanze, gli "errori"?

**La maternità insegna ad amare gli errori, perché sono piccoli esperimenti di sopravvivenza.** Piccoli errori insegnano lezioni che impediscono grandi errori e grandi paure.

Si diventa più indulgenti con se stesse e con gli altri, consapevoli del fatto che la varietà delle nuove situazioni, i continui cambiamenti, rendono impraticabile la perfezione.

Ci si libera una volta per tutte del termine "buon genitore" e si diventa "genitore consapevole":[16] estremamente consapevole dei propri limiti, e di conseguenza più tollerante verso quelli degli altri. Questo porta a una maggiore morbidezza anche nello stabilire i confini delle azioni delegate ad altri, e quindi nel giudicarne il ritorno.

> Nella gestione degli errori... sono più tollerante. Vedo e considero solo le cose che contano.[17]

E le cose che contano (davvero) sono aumentate di peso e diminuite di numero.

Proprio come quando in palestra ci si dedica a sviluppare qualche muscolo in particolare, una pratica costante e quotidiana nel dare feedback e regole – e dire no! – a un pupo recalcitrante ma in qualche modo dipendente allena le competenze dedicate a queste attività fino a farle funzionare quasi in automatico.

> Sono più accurata, più attenta, più solerte, direi "con modalità più materne nel dare feedback", perché il desiderio per il futuro è che le mie figlie ricevano tutti i giorni feedback... non se ne danno mai abbastanza.[18]

Le donne, storicamente, sociologicamente, non sono mai state brave a dire dei no, e tantomeno a incassarne. Non è uno dei loro talenti naturali, né una capacità che la cultura premia – le brave ragazze dicono di sì: sono sempre disponibili, mediano, accontentano.

Ma per una madre questa strada è la più veloce verso la fine: i capricci del pupo, le prepotenze della suocera, le incomprensioni con il marito, le ingerenze non richieste di tutti gli altri. Quindi bisogna allenarsi a dire no.

Dire no è faticoso, più faticoso che dire sì, soprattutto nell'immediato. A rendere il sì la scelta più rapida per gli adulti è il fatto che, dal punto di vista dei bambini, il no apre una negoziazione. In realtà, il capitolo che sembra chiuso col sì è solo un capitolo rimandato alla prossima occasione: nessun sì "negoziato" per fretta o per disperazione resta infatti sostenibile nel lungo termine, ossia quando la stessa richiesta viene fatta, ripetuta e pretesa sulla base della "regola del precedente" – che i bambini hanno tra le proprie conoscenze innate.

Se già dire di no è difficile, gestire i no, spesso irrazionali, dei bambini richiede grande pazienza e perizia, oppure… può non essere necessario, se non li si mette in condizione di dirli.

Un tipico metodo materno per evitare le occasioni di scontro – e, quando la madre lo scopre, le si apre un mondo di possibilità – è quello dell'"illusione dell'alternativa". Semplice e inesorabile, come la manovra a tenaglia degli antichi Romani, è un modo indiretto di chiedere a qualcuno di fare qualcosa. Vogliamo che nostro figlio mangi la frutta? Invece di dirgli di mangiarla e basta, gli chiederemo: "Amore, vuoi la mela o la pera?". A lui resterà la possibilità di scegliere, più difficilmente quella di rifiutare.

L'illusione dell'alternativa si può applicare praticamente a tutto, basta avere un po' di fantasia – o almeno abbastanza da saper inventare due alternative per una stessa opzione. Oppure un'alternativa preferita da noi e una che già sappiamo verrà rifiutata. "Esci con la mamma o resti a casa da solo?" è un'illusione di alternativa per un bambino sotto i tre anni, che non risponderà mai di volere rimanere a casa da solo.

Queste tecniche, utilissime nella vita di tutti i giorni, per permettere alle madri di evitare istintivamente i "terreni minati" dello scontro aggirandoli con astuzia, possono tornare incredibilmente utili anche al lavoro.

> Della maternità porto al lavoro la capacità di prevenire e sviare capricci, ottima anche con i grandi capi (tipicamente capricciosissimi).[19]

**Tra il sì e il no c'è una terra di mezzo: quella della negoziazione.** La conosce molto bene chi ha avuto più figli, e quindi ha negoziato sia in situazioni uno a uno sia in situazioni uno a molti, o addirittura si è trovato a fare da mediatore.

> La pratica materna è stata un'ottima palestra per la gestione di una complessa burocrazia e la supervisione di delicate negoziazioni riguardanti i conflitti esteri. Avevo imparato a fare in modo che le mie figlie smettessero di litigare e cercassero di comprendere perché l'altra persona tenesse tanto a un certo giocattolo. Alla base di tutto c'è il rispetto.[20]

Nella negoziazione entrano in gioco molte competenze che abbiamo citato parlando della chiarezza.

L'ascolto, l'accettazione dell'altro nella sua specificità, il più ampio margine di tolleranza e spazio di delega che permettono di "tenere insieme tutto", ma anche il nuovo e più piccolo ego della neomamma, sono caratteristiche che la rendono una negoziatrice abile e allenata.

> Sono meno impositiva nel far passare ideali, idee e progetti. Prima andavo come un caterpillar e ovviamente mi scontravo e molto spesso perdevo! Ora aggiro l'ostacolo, riesco a far percepire/passare meglio le mie idee e le mie intenzioni e quindi ottengo maggiori successi.

> La capacità di spiegare la stessa cosa in molti modi diversi mi aiuta nella gestione e nella leadership di squadra. La capacità di distaccarmi dalla situazione per far fronte a un capriccio in modo calmo e fermo ha reso migliore il mio problem solving.
> Il dover trascorrere ogni giorno con qualcuno con una personalità così diversa dalla mia, ma con cui non posso scegliere se stare o no, ha sicuramente migliorato le mie abilità sociali con colleghi e clienti.[21]

*La maternità è un master*

Un'altra competenza allenata dalla maternità fa delle donne le negoziatrici ideali: la pazienza. Notare che la parola "pazienza" ha la stessa origine della parola "passione": entrambe vengono dal latino *patire* (cfr. il greco *pathein* e *pathos*, dolore corporale e spirituale). La soglia di sopportazione di un genitore cresce infatti oltre ogni previsione.

Il modo di misurare il tempo dei bambini non ha niente a che vedere con la nostra idea del tempo. Specialmente i bambini piccoli: il loro vivere solo nel presente dilata i minuti, aumenta importanza e presenza delle piccole cose. Come allacciarsi una scarpa. O scartare una caramella. O finire un pensiero.

Se siamo davvero bravi, entriamo nella loro dimensione. Se invece – come è più normale – restiamo nella nostra, è la pazienza a salvarci la vita. E spesso ci fa uscire "bene" da qualsiasi situazione. Perché scegliamo con cura cosa merita davvero di farci perdere la calma. E, spesso e volentieri, capiamo a un secondo sguardo che quasi niente lo merita.

> Chiamerò dolori del terzo tipo quelle che mio padre definiva, scusate il francese, "rotture di coglioni", alle quali diamo di solito troppa importanza e che potremmo risparmiarci seguendo il consiglio di William James: la saggezza è la capacità di capire a che cosa si può passare sopra.[22]

La capacità di scegliere bene le proprie battaglie è l'arma segreta di ogni mamma negoziatrice.

> I miei no sono forti, ma non offendono: sono gli stessi no che dico al mio primogenito, dove c'è dentro anche la tenerezza. Forse sono tenera anche con i miei collaboratori, ma il no è no.[23]

> Quando sei genitore, devi essere al tempo stesso avversario e avvocato di tuo figlio. Se ti riesce anche sul lavoro, diventi imbattibile![24]

**maam al lavoro**

## SAPER ESSERE UNA GUIDA

La parola "guida" rimanda alla relazione di formazione tra maestro e allievo, tra capo e collaboratore, tra genitore e figlio. Una relazione autorevole all'interno della quale passano tutti i contenuti, i comportamenti e le sapienze necessarie a innescare trasformazioni profonde. Una volta le guide si chiamavano maestri, saggi, sapienti; persone che lasciavano agli altri (diffidare, pertanto, dai maestri con un ego ipertrofico) lo spazio per "esserci", per essere riconosciuti e valorizzati.

Essere una guida è una definizione che preferiamo rispetto a saper essere un buon leader – parola ormai abusata, collegata a figure e concetti prevalentemente maschili come conquista, competizione, aggressività, performance, successo. Oggi, secondo la filosofa Annarosa Buttarelli, "bisogna dare al maggior numero di donne e uomini la possibilità di guidare e di riconoscere chi sa farlo [...] e diffondere la consapevolezza che queste persone vanno individuate, valorizzate e sostenute sulla base del loro agire disinteressato".[25]

È un'utopia?

Proviamo a evidenziare alcune delle caratteristiche e delle sapienze delle nuove guide.

- **Amarsi, coltivarsi**: approfondire la consapevolezza di chi siamo e cosa vogliamo. Impegnarsi in pratiche e fare continui esercizi di apprendimento. Imparare a non fidarsi delle conoscenze passate. Il **processo del conoscere è ben diverso dalla "conoscenza"**. La conoscenza è cosa so, il processo del conoscere è cosa faccio oggi per sapere. Come apprendo, come collaboro, cosa leggo, cosa studio. Il processo del conoscere ci indica cosa saremo in grado di fare in futuro, ci dice cosa stiamo facendo oggi per diventare qualcosa di più grande e bello rispetto a ciò che eravamo ieri.

  Troppo spesso come individui o come team operiamo sulla base di ciò che sappiamo già o che abbiamo sperimentato nel passato, ma quest'ultimo, se da un lato crea esperienza, dall'altro porta con sé blocchi mentali e modelli di azione che possono essere fortemente limitanti. Preconcetti e pregiudizi. Ciò che ti ha aiutato in passato può diventare la tua incompetenza di oggi.

Si possono prevedere i successi di una persona (e la stessa cosa si potrebbe dire per i profitti di un'organizzazione nel medio-lungo termine) osservandone le capacità di apprendere.

- **Costruire rapporti da adulto a adulto.** La potenza del generare rende immediatamente grandi. Si diventa potenti nell'affermare ciò che si ritiene giusto, ciò che serve, ciò che si deve fare adesso. Non si tollerano più forme di "politica" aziendale – il tirar tardi, il fare "gruppetto", stare concentrati più sul giudicare gli altri che sulle cose che si devono e si possono fare, adesso. Si acquisisce il distacco necessario per dire o fare qualcosa di saggio nelle differenti situazioni del lavoro e della vita. Negli uffici sono necessarie meno gerarchie, meno soggezioni legate al potere, al paternalismo maschile, all'autorità. Per mettere in modo autentico l'autorevolezza al posto della deferenza.

- **Esprimere intenzioni, non solo obiettivi.** L'intenzione è qualcosa di potente se la ricerchiamo in profondità dentro di noi. È più vicina al desiderio e racchiude in sé il meccanismo per realizzarsi. **Introdurre intenzioni forti nel mondo familiare come in quello professionale è voler rimanere più aperti rispetto ai soli obiettivi.** L'obiettivo tende a "chiudere": sul numero, sull'effetto atteso di un'azione, su qualcosa che abbiamo completamente determinato. Questa chiusura impedisce ad altro di entrare lungo la via, lungo il processo di lavoro su quella visione, quella intenzione. Si tende sempre a illuminare il punto di arrivo, dimenticando che durante il viaggio accadono delle cose e che dunque il risultato potrebbe essere anche più importante, più stupefacente. L'intenzione è rivolta al futuro ma costringe la nostra attenzione a radicarsi nel presente. E dove concentriamo attenzione ci sono prosperità, abbondanza, nuove e vecchie forme di profitto.

**Concentrarsi più sul processo che sul risultato sprigiona energia e, attraverso intenzioni forti, realizza i nostri desideri.**

- **Comunicare.** L'intenzione o la visione vanno promosse e comunicate dentro e fuori l'organizzazione. La comunicazione assertiva è fatta di spiegazione ma anche di osservazione e di ascolto. È fondamentale ascoltare con sincero desiderio di capire la "lingua" dell'altro, i gesti, le parole, il tono di voce, le pause cui adattare il nostro linguaggio. Passione e convinzione sono alla base della comunicazione assertiva. Che non rinuncia a mettere in gioco esperienze biografiche, certezze e paure. Che mette in circolo le vulnerabilità, personali e progettuali. Che elabora dubbi. Bisogna esprimere chiaramente il proprio punto di vista in modo semplice e oggettivo. Per rappresentare ciò che si sente, scegliendo accuratamente le parole e persino i silenzi, esprimendo le proprie emozioni con equilibrio e pacatezza. **Chiarezza e semplicità coinvolgono le persone intorno a noi e le fanno sentire parte della visione, del progetto, dell'impresa che le aspetta.**

- **Testimoniare.** La comunicazione da sola non basta più. Questa è l'era dei testimoni. Comunichiamo attraverso noi stessi, attraverso ciò che facciamo. Testimoniamo le nostre intenzioni e la nostra visione. I bambini apprendono per imitazione, osservando e ascoltando. **Il corpo, il tono di voce, i gesti arrivano molto prima delle parole e possono smentire qualunque buon proposito.** Qualunque ardita visione. La credibilità è e sarà sempre di più legata a "chi" siamo, alle energie che mettiamo in gioco autenticamente nelle cose che facciamo adesso.

- **Abilitare.** A differenza del motivare, che coinvolge la mia partecipazione e non quella dell'altro, per abilitare la motivazione di un individuo è necessario creare le condizioni affinché questo possa fare scoperte "personali" all'interno di un progetto, dentro una visione di comunità o di impresa. Il compito della "nuova guida" è quello di allestire tali esplorazioni. Di favorirle. **Una guida non ingabbia, ma propone una cornice in cui muoversi, una protezione che non incatena, un'educa-**

**zione alla possibilità.** Sa creare condizioni affinché ognuno possa fare ricerche e trovare da sé punti di contatto con la propria motivazione. È importante rafforzare le persone. Si tende troppo spesso a dire ciò che non va, ciò che non c'è. Ci concentriamo su quello che manca. Dobbiamo sempre acquisire, riempire le nostre teste, confermarci che non "bastiamo" mai. Facciamo fatica a metterci in relazione e a far risaltare, invece, ciò che magari c'è già. Non parliamo dei successi e non ci impegniamo a rafforzare i comportamenti positivi. Si potrebbe provare più spesso a cominciare da ciò che brilla dentro e che ci appartiene. L'azione parte quasi sempre da lì.

- **Aspettare.** L'attesa richiede coraggio e determinazione. Da una guida ci si aspetta una risposta pronta e immediata, ma il meccanismo che genera risposte rapide è solo una difesa dall'ansia: preferiamo "spingere" piuttosto che rallentare. Meglio praticare l'osservazione attenta, la condivisione, esercizi di attesa. Coltivare l'arte di rallentare per vedere meglio, per ricordarsi degli "scopi" del nostro fare e mettere in pratica una via etica.

*Passo 3: faccio largo alle emozioni!*

Con la maternità, i sentimenti entrano a pieno diritto in tutte le nostre relazioni. Quando riguarda i figli, non c'è compito, non c'è delega, non c'è comunicazione che non coinvolga sia mente che cuore. Anche l'efficienza e la scelta delle priorità chiamano in causa emozioni... che possono rendere il processo più difficile o, al contrario, semplificarlo, farlo diventare più potente e naturale.

**Le emozioni ci sono sempre e comunque, anche quando non sono autorizzate.** Influenzano scelte e decisioni, influenzano le parole che usiamo per far succedere le cose, e soprattutto influenzano i modi.

Ed eccoci nel terreno magico della leadership materna: più attenzione al *come* rispetto al *cosa*.

La pratica è chiara: il figlio ci obbliga (felicemente) a un rapporto uno a uno come nessun altro è mai riuscito prima. Un figlio, di qualsiasi età, è un concentrato di emozioni, strati su strati di umanità. Strati che hanno a che fare con noi.

La natura ha attrezzato le donne per l'intensità di questo rapporto. E l'energia e la cura cui la maternità allena si rivolgono inevitabilmente anche al resto del mondo. Sarebbe infatti uno sforzo artificiale ed eccessivo abbassare l'*intensità umana* quando dalla camera del bambino ci spostiamo in salotto o in ufficio, cercando di dedicare a ogni luogo e momento diverso solo una parte di noi.

Invece le *antenne* sono lì e ci seguono, sempre, trasformando ogni atto intelligente in un atto di intelligenza emotiva.

Fare spazio ad altri in un luogo intimo come la relazione madre-figlio richiede la capacità di **allargare la porta d'ingresso dalla quale gli altri entrano nella nostra vita**. Perché ciò avvenga fa il suo ingresso salvifico e necessario la fiducia.

La fiducia amplia lo spazio della relazione e della delega anche a livelli non razionali.

Trattandosi della vita dei nostri figli, se fossimo infatti consapevoli della quantità di cose che possono andare storte quando deleghiamo, diventeremmo facilmente maniache del controllo. Dobbiamo invece "affidarci" alla cura di altri, alla loro capacità di gestire previsti e imprevisti.

E affidarsi è caratteristica del cuore, più che della mente.

Per affidarsi a qualcuno è necessario accorciare le distanze. La vicinanza con gli altri ci permette di vederli e capirli meglio, di tendere più facilmente le mani quando cerchiamo aiuto. La rete si stringe, quando serve, attorno al bisogno.

Questo avvicinamento crea connessioni che funzionano in entrambe le direzioni. Quindi, dare più fiducia genera più fiducia: e la quantità complessiva di terreno fertile per le relazioni aumenta più che proporzionalmente.

Questo effetto moltiplicatore è tipico delle esperienze che coinvolgono i sentimenti: darne in misura maggiore non diminuisce lo stock disponibile, anzi.

Al contempo, la fiducia genera anche senso di responsabilità: "I genitori diventano meno focalizzati su se stessi e più orientati verso gli altri. Attraverso l'interazione con i propri figli, sviluppano una maggiore consapevolezza dei bisogni e delle prospettive degli altri, e un modo "etico" di occuparsi di loro".[26]

> *Allo stesso modo, più grandi sono le finestre, più cresce il numero di canali per comprendere gli altri.*

Da quando sono diventata madre, sono più attenta a capire le persone – clienti e colleghi e superiori. Nel caso dei superiori, non vado più *in guerra*: riesco e voglio capirli nelle loro eventuali cattiverie, non le subisco.

Capisco meglio i bisogni perché riesco a comprendere su un "canale" diverso ciò che le persone non hanno magari il coraggio di dire (un bimbo non lo sa dire ma si fa capire!).[27]

È difficile contare **quanti nuovi linguaggi insegna l'esperienza della maternità**.

Esistono manuali che spiegano come interpretare i diversi tipi di pianto del bimbo, il rossore delle guance, il movimento delle mani e delle gambe del neonato. Ma esiste un istinto innato, probabilmente figlio della stessa evoluzione naturale che ha distribuito la facoltà del linguaggio alle donne in entrambi gli emisferi e agli uomini nel solo emisfero sinistro.

La madre intuisce lo stato di benessere e l'umore dei propri figli con un solo sguardo. Ma, pur avendo una capacità quasi magica di intuire gli stati d'animo dei propri piccoli, le madri passano la vita a cercare di capire cosa i figli vorrebbero e non vorrebbero dire. Soprattutto, passano la vita a sbagliare le loro interpretazioni, ad aggiustarle e adattarle a nuove informazioni di contesto: **a imparare e disimparare**.

Si allenano a comprendere oltre le parole, sia quando queste non ci sono ancora sia quando sono rade, sgrammaticate o fallaci (ogni età dei figli ha la propria patologia della comunicazione); ma oltre all'udito, le madri usano la vista, il tatto e anche l'olfatto, per cogliere tutti i segnali che possono aiutarle a capire.

L'uso di tutti i sensi si rivela utile – e sempre più naturale – anche nei rapporti con tutti gli altri. È scientificamente dimostrato che, in una comunicazione, le parole costituiscono solo il 7% del messaggio. Il resto sono tono di voce, gestualità, contesto.

La maternità obbliga le donne a diventare esperte di quel 93% di messaggio che non riguarda l'alfabeto e contiene la chiave delle relazioni. Una specializzazione che rende l'ascolto – l'abilità di "stare alla finestra" per capire fino in fondo pensieri e stati d'animo di chi abbiamo davanti – una pratica molto più empatica che intellettuale. Per governare l'ingresso di così tanti segnali non convenzionali senza però diventare "emotive", occorre saper riconoscere e dosare anche la capacità di ascolto e l'empatia, l'uso delle cosiddette antenne.

Decisamente è migliorata l'attitudine a mettermi nel punto di vista altrui per comprendere le sue motivazioni. Questo mi agevola nella relazione con i miei colleghi e con i clienti. Mi avvantaggia nelle fasi di negoziazione e mi stimola verso un approccio che sia di cooperazione verso una soddisfazione condivisa. Anche nell'educazione dei miei figli non mi piace l'approccio direttivo e autoritario, anche se spesso appare quello più efficace, ma credo lo sia solo a breve termine.[28]

## Più umano il rapporto: cresce l'empatia

Jane Lubchenco, ex preside della facoltà di zoologia alla Oregon State University, ha detto: "Crescere due figli mi ha insegnato l'arte di essere 'analitica' verso gli sfoghi emotivi altrui. Sono solo capricci da grandi. Ho capito che ogni tanto le persone hanno bisogno di far sbollire la rabbia, di allontanarsi e riflettere, anziché ostinarsi a risolvere subito il conflitto".[29]

Spesso sottovalutiamo l'importanza delle emozioni nel successo di uno scambio dialettico.

La persona con cui stiamo parlando potrebbe essere nervosa per qualcosa che le è successo la mattina, e non per quello che le stiamo dicendo noi. Il nervosismo potrebbe compromettere la sua capacità di comprendere, e potrebbe bastare uno sforzo aggiuntivo di chiarezza per compensare lo squilibrio.

> Con la maternità, è migliorata soprattutto la possibilità di risolvere problemi con la mediazione o con il coinvolgimento emotivo condiviso. Per esempio, di fronte a un medico che mi deve dare una risposta difficile, cerco di ricordargli che potrei essergli figlia, sorella o mamma, stabilendo un rapporto più empatico.[30]

**maam al lavoro**

## LA FORZA DELL'EMPATIA

Dimostriamo di possedere capacità empatiche quando riusciamo a metterci nei panni dell'altro, a far risuonare dentro di noi ciò che sente, a percepire cosa sta accadendo alle sue emozioni, alla sua visione del mondo come se fossimo lui.

Per una madre, riuscire a sentire è naturale. Vede un sorriso e gioisce anche lei, sente un pianto e si preoccupa. È la prima a entrare in contatto empatico col bambino.

E le neuroscienze lo confermano: quando osserviamo da vicino un altro essere umano mentre prova una certa emozione o sensazione, in noi si attiva la stessa parte del cervello che si è attivata in lui.

Soffriamo o gioiamo con lui, senza bisogno di parole; possiamo comprendere dall'interno la sua emozione, le sue azioni, sentire cosa prova.

In pratica, quando proviamo empatia:

- **osserviamo noi stessi**. Facciamo silenzio, ascoltiamo il respiro e poi ciò che affiora. Domande, sensazioni, emozioni. Ascoltiamo senza negarle. Frequentiamo le emozioni. Per comprendere le emozioni di un'altra persona è necessario prima di tutto riconoscere e accettare le nostre;

- **vediamo l'altro**. Semplicemente osserviamo. Posiamo lo sguardo in modo attento e consapevole su di lei, su di lui. Tanti sono gli "invisibili" intorno a noi: colleghi, conoscenti, sconosciuti. Diventano "visibili" ed entrano in relazione con noi solo se li osserviamo veramente. Se rallentiamo il passo e lo sguardo su di loro. Osservare per vedere l'altro è già una forma di ascolto. Un ascolto attivo;

- **incontriamo l'altro**. Creiamo le condizioni per allestire un momento di vicinanza, di accoglienza, di calore;

- **ascoltiamo l'altro**, con il corpo, con i sensi. Stiamo nel suo racconto e nella sua emozione, al di là delle parole. Manteniamo alta la qualità della nostra attenzione, della presenza fisica e mentale;

- **stiamo in silenzio.** Il silenzio, anche quello interiore, è un modo molto intenso di ascoltare e di comunicare. Comunica all'altro tutta l'importanza e il valore che quello ricopre per noi;

- **ancora, aspettiamo.** Se qualcosa dentro di noi si muove, un'emozione, una sensazione, dobbiamo attendere un po' prima di offrirla all'altro. Non seguiamo l'impulso di dare consigli, di rassicurare o di esprimere i nostri sentimenti. Aspettiamo. Ascoltiamo ancora il nostro vuoto, il nostro silenzio interiore, insieme all'altro. Concentriamo tutta la nostra attenzione sul messaggio anche non verbale che l'altra persona ci comunica. Diamo all'altro spazio e tempo per esprimersi al meglio e sentirsi compreso;

- **offriamo le nostre parole.** Se abbiamo ascoltato e ricevuto il messaggio dell'altro correttamente le nostre parole, parafrasando quello che abbiamo capito, gliene daranno conferma. Si sentirà compreso. Altrimenti lasciamo che si spieghi meglio, che possa esplorare ulteriormente e in profondità;

- **offriamo le nostre domande**, per riflettere ancora insieme, per aiutare ad approfondire;

- **offriamo l'effetto che hanno avuto su di noi.** Parole, emozioni, narrazioni dell'altro. Quali sono le emozioni che ho sentito dentro di me? Quale punto di vista vorrei comunicarti? Quale suggerimento potrei offrirti?

> *Noi pensiamo che aiutare voglia dire parlare,*
> *chiedere, suggerire. In realtà per aiutare è necessario*
> *saper ascoltare... la qualità della vostra attenzione determina*
> *la qualità del pensiero e delle parole dell'altro.*
> *(Nancy Kline, Time to think)*

**Empatia è vicinanza, presenza, saper esserci.**
In ufficio ci hanno a lungo sconsigliato di farlo. Era meglio esercitare e premiare il controllo.
Scoprire le emozioni accorciando le distanze con noi stessi o con gli altri è visto ancora come pericoloso. Si rischia di mettere a repentaglio la freddezza ritenuta necessaria per prendere decisioni, affrontare problemi, valutare meriti oggettivi e curricula senza anima.

Era sicuramente più difficile una volta riuscire a sviluppare empatia in una società in cui i ruoli erano ben definiti (marito, moglie, capo). Oggi, invece, le relazioni non sono più il risultato di ruoli prescritti. Le abilità relazionali e l'intelligenza emotiva non sono più competenze accessorie, ma indispensabili.
**Comprendere quale sia il morale delle persone che ci circondano è un'opportunità per trasformare situazioni complesse, intercettare ciò che sta accadendo e sciogliere in anticipo possibili conflitti.** Entrare nei panni dell'altro, fare domande, valorizzarne il racconto attraverso le nostre parole e supportarlo nel favorire la sua consapevolezza è come una pratica magica. Una magia possibile che pacifica e trasforma.
L'empatia è alla base della produzione di grandi innovazioni, favorisce la collaborazione e un senso condiviso di interdipendenza.

Una madre sente "a pelle" quello che il bambino sta cercando di dirle.

Il capriccio si collega alla stanchezza, il pianto al bisogno di una carezza, il rifiuto perentorio al bisogno di attenzione. Sono solo esempi, ma rendono l'idea della finezza psicologica che le madri devono acquisire se non vogliono trasformare la relazione in un campo di battaglia.

Anche lasciarli sfogare, dare loro un posto dove urlare ed esaurire la rabbia, senza sempre necessariamente contenerla, è una strategia di relazione. E funziona molto bene.

Ogni madre nel corso degli anni sviluppa le sue tattiche, mettendole a punto sulle caratteristiche dei propri figli. Alcuni schemi di azione-reazione si ripetono anche con interlocutori diversi, e si possono trasferire con successo al rapporto con tutti gli altri, anche fuori casa.

Quello che aumenta complessivamente è il calore che si riesce a inserire senza fatica, in modo naturale, nelle relazioni. Abbiamo visto che, a seguito di una giornata molto stressante al lavoro, le donne tendono a essere più affettuose e amorevoli con i figli a casa. Questo perché nella donna la reazione istintiva allo stress è quella di un maggiore orientamento alla cura.[31] Detto in altre parole, l'attività della cura abbassa il livello di stress, fa rilassare.

Quindi l'empatia, ossia il "sentire dentro", è sia una competenza che si allena involontariamente, per esempio con l'esperienza della maternità, sia uno stratagemma del cervello femminile per risparmiare energia in situazioni complesse o faticose.

I sentimenti diventano così strumenti di efficienza a livello cerebrale: il cuore aiuta la mente. Sarebbe sciocco non portarsi questa magia al lavoro!

LA RICERCA realizzata nell'ambito del progetto maam intercetta una questione molto complessa – e al tempo stesso centrale – nella riflessione sulla cultura del lavoro e sulle sue possibili trasformazioni. In sintesi: come comprendere alcune trasformazioni del mondo del lavoro sviluppando attenzione su ciò che accade nelle trasformazioni della vita.

Uno degli aspetti più interessanti riguarda la risonanza tra le ipotesi di maam (transilienza tra l'esperienza della maternità/genitorialità e le competenze aziendali) con il mondo dell'educazione e dell'educare.

Ecco alcuni dei temi emersi:

- la capacità di **delegare/lasciar andare**;
- la capacità di **sognare/vedere oltre**;
- la capacità di **lavorare con quello che c'è**, con le potenzialità;
- la necessità di **avere una visione complessa** e articolata;
- la capacità di **sintonizzarsi nelle relazioni su un piano emotivo**;
- la capacità di **trasformare gli errori**;
- la capacità di **improvvisare**;
- la capacità di **scegliere le priorità**;
- la capacità di **tollerare l'incertezza**;
- la capacità di **sviluppare autonomie – e non anarchie**;
- la capacità di **fare gruppo**;
- la capacità di **attirare, convincere e non di obbligare**;
- la capacità di **rischiare**;
- e soprattutto la necessità di **essere presenti, rotondi**, di fare i conti con la propria "vocazione": chi sono, cosa voglio, cosa mi riesce, in cosa voglio riuscire, cosa desidero...

## Note

1. S. E. Taylor, R. L. Repetti, *Health Psychology: What is an Unhealthy Environment and How Does It Get Under the Skin?*, «Annual Review of Psychology», 1997.
2. Studi su reti femminili suggeriscono che le società matrilineari sono caratterizzate da relazioni pacifiche tra femmine (Glazer 1992). Quando convivono generazioni di donne e ragazze, le aggressioni tra donne sono rare (Benedict, 1934; Glazer, 1992; Murphy & Murphy, 1974). Quando però le donne si uniscono a famiglie patriarcali, l'aggressione tra femmine diventa più frequente, specialmente tra parenti acquisiti. Questi dati sono altrettanto validi sia per raggruppamenti sociali umani sia per i primati (Glazer, 1992; Keverne *et al.*, 1999) in Shelley E. Taylor, *The Tending Instinct: How Nurturing Is Essential to Who We Are and How We Live*, Times Books, New York 2000.
3. Intervista compiuta nell'ambito della ricerca maam (luglio-ottobre 2013).
4. Belle, 1987; Luckow, Reifman e McIntosh, 1998, in Shelley E. Taylor, *The Tending Instinct: How Nurturing Is Essential to Who We Are and How We Live*, cit.
5. Lewis e Linder, 1999.
6. Baumeister e Sommer, 1997.
7. Patterson e Schaeffer, 1977.
8. Dal sondaggio maam (giugno 2014).
9. Ina Praetorius, *Penelope a Davos. Idee femministe per un'economia globale*, Quaderni di Via Dogana, Milano 2011.
10. M. A. Killingsworth, D. T. Gilbert, *A Wandering Mind Is an Unhappy Mind*, «Science», 2010.
11. Dal sondaggio maam (giugno 2014).
12. Intervista compiuta nell'ambito della ricerca maam (luglio-ottobre 2013).
13. Dal sondaggio maam (giugno 2014).
14. Korn/Ferry Institute, Executive Survey, giugno 2012.
15. Dal sondaggio maam (giugno 2014).
16. Shefali Tsabary, *The Conscious Parent*, Namaste Publishing, Vancouver 2010.
17. Intervista compiuta nell'ambito della ricerca maam (luglio-ottobre 2013).
18. *Ibidem*.
19. Dal sondaggio maam (giugno 2014).

20. Dichiarazione di Madeleine Albright, ex Segretario di Stato Americano.
21. Dal sondaggio maam (giugno 2014).
22. Fulvio Scaparro, *La voglia di sorridere. Contro la boria, la presunzione e altre fastidiose complicazioni della vita*, Frassinelli, Milano 2003.
23. Intervista compiuta nell'ambito della ricerca maam (luglio-ottobre 2013).
24. Ann Crittenden, *If You've Raised Kids, You Can Manage Anything*, cit.
25. Citato in Andrea Vitullo, *Leadershit. Rottamare lo spirito della leadership e farci spazio nel mondo*, Ponte alle Grazie, Milano 2011.
26. Hawkins, Christiansen, Sargent, Hill, 1993; Palkovitz, 1996; Palkovitz, Copes, Woolfolk, 2001, in "Commitment to Family Roles: Effects on Managers' Attitudes and Performance", Center for Creative Leadership, 2007.
27. Interviste compiute nell'ambito della ricerca maam (luglio-ottobre 2013).
28. Dal sondaggio maam (giugno 2014).
29. Katherine Ellison, *Il cervello delle mamme*, cit.
30. Dal sondaggio maam (giugno 2014).
31. S. E. Taylor, L. Cousino Klein, B. P. Lewis, T. L. Gruenewald, R. A. R. Gurung, J. A. Updegraff, *Biobehavioral Responses to Stress in Females: Tend-and-Befriend, Not Fight-or-Flight*, «Psychological Review», 2000.

CAPITOLO 4

# La leadership materna è proprio quella che serve oggi

*Dove si scopre che cos'è e perché è così necessario questo nuovo modello di guida*

## La leadership materna: cominciamo da cosa non è

Di primo acchito la leadership materna potrebbe sembrare un argomento per donne, un concetto che riguarda, in particolare, le mamme. Ma non è affatto così.

Ci sono una serie di **"non è vero"** che vanno precisati da subito.
**Non è vero che**:

- le donne hanno tutte l'istinto materno;
- un uomo non può essere materno;
- i papà sono "per natura" meno capaci di occuparsi dei propri figli;
- una donna che non abbia naturalmente generato dei figli non può essere materna;
- la cura attiva verso un genitore è molto diversa dalla cura di un figlio: richiede anch'essa un'attitudine materna;
- dedicarsi alle attività di volontariato e cura non è sufficiente per sviluppare doti materne;
- una persona LGBT (lesbiche, gay, bisessuali e transgender) non può essere materna.

Se spazziamo via un po' di stereotipi sedimentati nel tempo possiamo far riferimento ad altre leggi; non tanto a quelle di natura inventate in maniera fittizia dagli uomini per governare il mondo e spesso abusate per escludere gli altri, bensì a leggi immutabili che si riferiscono direttamente ai codici eterni dell'anima e a saggezze che travalicano epoche e generazioni.

Gli stereotipi sul genere, purtroppo, abbondano. A chi di noi non è capitato di sentire, o anche di pronunciare frasi in cui un uomo viene giudicato incapace di cucinare e governare una casa e una donna di guidare l'auto? E questi sono ancora tra gli esempi più innocui, tra i più inoffensivi, cui si reagisce facendo spallucce. Gli stereotipi di genere, però, sono insidiosi, pervasivi e numerosissimi. Sono erbacce che soffocano le piante buone.

Anche se, in origine, nasce per facilitare la comprensione della realtà, lo stereotipo riduce, rimpicciolisce, umilia ed esclude. E la differenza sessuale, così evidente e così determinante dal punto di vista fisico, si presta particolarmente a generalizzazioni: che semplificano la realtà a tal punto da immiserirla, e finiscono per umiliare chi, dall'identificazione con uno stereotipo riduttivo, si sente ingiustamente ingabbiato.

Gli stereotipi ingabbiano tutti: non solo chi ne resta vittima, ma anche, anzi soprattutto, chi se ne serve per "capire" le relazioni con gli altri (condannandole, involontariamente, al fallimento).

È proprio chi li usa, chi li "appiccica" frettolosamente agli altri, infatti, a perdere di più. Perché, chi viene umiliato, ha sempre la possibilità di riscattarsi, di essere riconosciuto da qualcun altro senza pregiudizi. Chi è abituato ad applicare gli stereotipi, invece, perde sistematicamente l'occasione di incontrare le persone, di vederne le ricchezze, le capacità, i doni. Perde l'occasione di essere benvoluto, perde l'occasione di imparare, di crescere e di scambiare competenze, affetto, passioni. Perde l'occasione di essere felicemente umano. Si autocondanna alla miseria, alla tristezza, alla volgarità.

In azienda si perde anche l'occasione di dare e di far dare il meglio di sé ai propri colleghi e collaboratori, al proprio business. **La rigidità impoverisce a tutti i livelli.**

Se il perché dobbiamo uscirne è chiaro – le gabbie non piacciono a nessuno e non portano nulla di buono – resta aperta la domanda sul come farlo.

Iniziamo a porci qualche buona domanda, con lo sguardo dei bambini.

"Mamma, perché Dio è maschio?"

Non è solo una domanda intelligente, è anche il titolo della preziosa raccolta di voci e riflessioni dalla scuola primaria pubblicata da Rita Torti, studiosa di questioni di genere.[1]

Se la differenza sessuale allude al fatto meramente biologico di avere corpi diversi, corpi maschili e corpi femminili, la differenza di genere si concentra sui significati culturali e sociali mutevoli nello spazio e nel tempo.

Si tratta, insomma, di quali significati e ruoli vengono trasmessi sin dalla nascita a bambine e bambini dalla famiglia, dalla società, dalla religione, dalla tv, dagli educatori. E, se da un lato vengono formati da questi significati attribuiti al loro essere maschi o femmine, dall'altro rischiano di rimanerne imprigionati.

Sono tanti i libri, per bambini e per adulti, i cartoni animati e i film, persino le serie tv (pensiamo, tra le tante di successo, a *Glee*, *New Girl*, *Orange Is the New Black*) che sembrano accelerare l'abbattimento di pregiudizi e stereotipi, con nuove storie e contesti televisivamente inediti, tutti da scoprire.

Cloe ha sei anni e una passione per la sua cartella nuova, quella di Spiderman scelta per il primo giorno di scuola.

*Mi piace Spiderman e allora?* è il titolo del libro della blogger Giorgia Vezzoli che, affrontando il tema dei giocattoli sessisti, parla degli stereotipi di genere a bambini e non.[2]

E così le favole si capovolgono, le principesse diventano azzurre e i principi cadono addormentati.³ Le principesse addormentate non si risvegliano più dal sonno profondo con il bacio del principe di turno, ma grazie a quello di sincero affetto dato in fronte dalla strega un tempo malvagia (Angelina Jolie nella favola Disney *Maleficent*). La strega, ormai buona, diventa compagna della principessa e regna con lei sui due reami!

Viene spontaneo a questo punto chiederci cosa stia accadendo ai modelli culturali. Cosa vuol dire essere maschi oggi? Ed essere femmine?

È una domanda che richiede il coraggio di intraprendere un dialogo con se stessi fuggendo da idee preconcette, pregiudizi e, appunto, stereotipi.

A partire dagli anni '70 i "gender studies" hanno fatto periodicamente il punto sulle origini di certe asimmetrie gerarchiche nei due sessi. Oggi i nostri comportamenti, le nostre convinzioni e ciò che ci raccontiamo sono, da un lato, il frutto di sedimenti millenari. Dall'altro, però, le spinte al superamento dei cosiddetti "ruoli tradizionali" sono forti e, nella nostra società occidentale dalle radici cristiane, aprono sfide senza precedenti.

**La differenza di genere è una risorsa importante**, che ci ricorda il valore delle differenze tout court.

La natura ha generato con abbondanza grazie alla moltiplicazione delle differenze, oggi molto in voga con il nome di "biodiversità". Senza unione di maschile e femminile non c'è generazione. Ma l'unione è tale solo partendo dal riconoscimento di una differenza originaria, biologica, che ci porti a comprendere e valorizzare le differenze originali e singolari di ciascuna e ciascuno.

Riconoscere le competenze delle donne – intese non come doti innate e dunque "immediate", ma come competenze sviluppate con la fatica quotidiana dell'accudimento – va a smontare un vecchio modello patriarcale che non discrimina solo le donne, ma anche gli appartenenti alle comunità LGBT. Avere un corpo maschile o femminile non determina, di per sé, una preferenza sessuale per il genere opposto né implica automaticamente l'identificazione del nostro genere con il sesso del corpo che abbiamo ricevuto biologicamente.

Tutti, uomini e donne, siamo chiamati a riesaminare la nostra appartenenza di genere in una logica di libertà. Libertà per sé e per gli altri significa sapersi ascoltare a vicenda e sapersi guardare con gli occhi amorevoli di una madre che accoglie e non denigra, nemmeno quando disapprova.

È bello pensare che nei prossimi anni saranno sempre di più le palestre creative dove investigare, talora anche in modo giocoso, tutti gli irrigidimenti provocati da definizioni di genere restrittive, gabbie apparentemente dorate in cui, a volte anche volontariamente, ci rinchiudiamo. Ed è bello pensare alla creazione di sempre più spazi ariosi dove, una volta inclusi i diritti minimi di tutti, possano manifestarsi le differenze di ciascuno.

Sarà un mondo più a misura di uomo e di donna, insieme.

Ecco perché è ora di parlare di leadership materna.

---

### TRA STEREOTIPI E GABBIE

**STEREOTIPI**

Gli stereotipi esistono in ogni società, in ogni forma di cultura umana. Sono "impronte rigide" (dal greco *stereós* = rigido e *týpos* = tipo, impronta), ovvero schemi mentali e socio-culturali che ci consentono di comprendere rapidamente la realtà, semplificandola. Spesso orientano le nostre scelte e le nostre azioni in modo inconsapevole. Per esempio, lo stereotipo che vuole gli uomini più dediti al lavoro e le donne alla famiglia fa tuttora preferire, al momento dell'assunzione, la scelta dei primi rispetto alle altre.

### GABBIE
Le gabbie sono luoghi angusti e poveri (dal latino *cavea*, che condivide la sua radice con *cavus*, vuoto) in cui le persone possono essere rinchiuse, o da altri o da se stesse. Il termine è usato spesso in senso metaforico, per descrivere una situazione in cui le possibilità di realizzazione di sé sono limitate. E può applicarsi non solo a persone fisiche, ma anche a persone giuridiche. Per esempio, le imprese italiane spesso lamentano di essere "ingabbiate" dalla rigidità delle normative o dall'inefficienza dell'amministrazione pubblica.

### LA DIFFERENZA
Lo stereotipo non si può distruggere, mentre la gabbia si può rompere. Lo stereotipo, infatti, è un costrutto sociale, che non può essere creato né distrutto da una singola persona, fisica o giuridica che sia. La gabbia, essendo una condizione in cui può trovarsi la singola persona, è qualcosa da cui si può uscire. Una volta usciti, la gabbia è rotta, spezzata per sempre: non esiste più. Lo stereotipo, semmai, si disinnesca e, una volta disinnescato, col tempo si trasforma.

### LA RELAZIONE
Lo stereotipo diventa "inabilitante" quando rinchiude in una gabbia: inizialmente appare desiderabile per l'approvazione sociale che ne consegue ("mi sposo così la mia famiglia è contenta", ma anche "resto in ufficio fino a tardi così il mio capo è contento"), ma poi si rivela uno spazio angusto e sterile perché distrae dalla ricerca di risultati realmente utili e di ampio respiro ("non mi sposo se non trovo la persona giusta per me", o "punto a ottenere i massimi risultati, così sia io sia il mio capo saremo soddisfatti del nostro lavoro").

### I MIEI STRUMENTI DI LIBERAZIONE
*Consapevolezza* – La consapevolezza della gabbia è la premessa necessaria a ogni scelta autentica: se non sono consapevole dei

motivi reali per cui opero una scelta, la decisione che prendo non sarà mai veramente mia. Rischio di ingabbiarmi senza saperlo.

*Riconoscimento* – Riconoscere lo stereotipo è il primo passo per smontarlo: lo osservo, lo comprendo e comprendo come, nella mia vita e/o nel mio lavoro, ha più o meno consapevolmente condizionato le mie scelte. Il riconoscimento dello stereotipo aumenta la mia consapevolezza.

*Desiderio* – Il desiderio di liberazione fa sentire il dolore della prigionia, ma fa anche immaginare dove posso arrivare liberandomene: è ciò che mi spinge a incanalare le mie energie in un percorso di liberazione, e mi motiva a tener duro nei momenti difficili.

*Alleanza* – Una relazione di autentica alleanza non è solo ciò che serve a sostegno di scelte controcorrente, è ciò che le rende possibili: se c'è chi crede in noi, nelle nostre potenzialità, nei nostri progetti, uscire da gabbie e stereotipi diventa un'avventura appassionante.

*Smontaggio* – Uno stereotipo si smonta, a livello personale, quando comprendo il limite che esso comporta alla realizzazione delle mie e/o altrui potenzialità, e decido di cambiare le mie decisioni e azioni per non aderirvi più. Però lo stereotipo, a livello sociale, sopravvive.

*Rottura* – Quando riesco a disinnescare lo stereotipo rompo anche la mia gabbia, e la distruggo. Il percorso può essere anche inverso: con una mia scelta personale rompo una mia gabbia e disinnesco anche uno stereotipo. Per esempio, se decido di riprendere a lavorare, anche poche ore, a ridosso della nascita di un figlio, soddisfo il bisogno di mantenere la mia molteplicità di ruoli, e allo stesso tempo disinnesco lo stereotipo della maternità come attività totalizzante nei primi mesi.

*Tempo* - Il tempo è il mio grande alleato: mi consente di comprendere, di riconoscere, di desiderare, di immaginare e di agire. La mia liberazione, poi, è contagiosa: permette ad altri di disinnescare lo stereotipo che ho disinnescato io, e consente alla propria società e cultura di trasformarlo.

*Attività* - Le attività da mettere in pratica possono essere di vario tipo: di ispirazione (lettura, cultura, arte), di consapevolezza (meditazione, yoga) e di trasformazione (formazione, coaching, psicoterapie). Tutte ci aiutano a liberarci da gabbie e stereotipi allargando l'orizzonte delle nostre conoscenze e delle nostre possibilità.

UNA STORIA VERA
da www.genitoricrescono.com

Una mamma racconta i suoi svariati, audaci tentativi di disinnescare gli stereotipi di genere con i suoi tre figli maschi attraverso giochi di ruolo che superino le tradizionali assegnazioni di ciò che è "da maschio" e ciò che è "da femmina". Compra loro una bambola, ciabatte rosa e viola, e una splendida cucina montabile. Ecco cosa succede con la cucina.

"Costruisco una cucina di cartone dopo aver studiato per giorni i modelli e aver svaligiato il negozio di bricolage di fianco a casa per gli accessori.
È bellissima, con lavandino, pomelli per il gas, forno, strofinacci, reggi fiamma e pentolini vari.
La metto in cucina per poter giocare insieme a loro mentre preparo la cena, e mi pregusto la sorpresa.
Si svegliano, corrono a fare colazione, e la trovano lì nuova e fiam-

mante, dipinta di argento, pronta per l'uso. Tornano dopo l'asilo e giocano senza pensare, preparano piatti, cuociono pizze e polli arrosto, servono caffè e apparecchiano tavolini simulando ristoranti sontuosi. Mi compiaccio della mia idea.
Poi Tommaso mi guarda.
"Mamma" mi dice, "però sei tu che cucini a casa nostra..."
"Sì ma..." Ecco che arriva lo stereotipo, penso io.
"Quindi..." prosegue, "questo sarebbe un gioco per una bambina che diventa mamma, non per dei maschi come noi che siamo come papà."
No, non ci rinuncio, la cucina resta lì, non la muovo di un millimetro, come la bambola, sorridente sullo scaffale sopra il letto, e le ciabattine, negli armadietti dell'asilo da settembre. E qualche volta, prima di dormire, mi metto in mezzo ai bimbi e prendo quella bambola vestita di rosa, canto la ninna nanna, e vedo Ricky prenderla in braccio e accarezzarla con i suoi occhi dolcissimi."

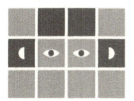
*Riconoscimento stereotipo*

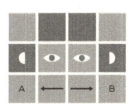
*Desiderio di altro / spinta*

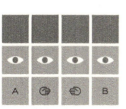
*Relazione / alleanza*

*Rottura della gabbia*

## Perché la leadership materna si fa attendere: stereotipi di prima e seconda generazione

Ci sono alcuni lavori più adatti alle donne di altri. L'idea retrostante di questo stereotipo è la stessa che soggiace a una domanda, che purtroppo ancora oggi, sul lavoro e nella vita, a un certo punto una donna si sente fare: *"Non vorrai avere figli… un giorno?"*.

L'elenco degli stereotipi cosiddetti "di prima generazione" sarebbe nutrito: sono i più riconoscibili, visibili, immediati, i più antichi e facilmente stanabili.

*"Zio, ma perché porti gli anelli?"* chiede la nipote. *"Perché mi piacciono"* risponde lo zio. *"Ma gli anelli sono da femmina"* insiste la nipote.

*"Tuo marito ti lascia uscire da sola con le amiche?"* chiede Maria a Sabrina. *"Scusa, ma tu voti?"* le risponde sarcastica Sabrina.

*"Eh, certo che i figli delle mamme che lavorano poi in qualche modo la pagano"* dice una signora di una certa età.

*"Anche i figli delle mamme che non lavorano…"* risponde una giovane mamma, che lavora.

Numerosi sono gli esempi di queste gabbie, a volte più innocenti, altre meno. E sul lavoro gli esempi si sprecano.

*"Da adesso, col bambino, vedrai le cose in modo diverso, non ti importerà più molto del tuo lavoro."*

*"Da quando sei tornata dalla maternità non sei più la stessa: non si può più lavorare con te!"*

Anche sugli uomini che hanno deciso di vivere in modo nuovo e completo il loro essere padri, avvalendosi dei congedi di paternità o richiedendo il part time, si abbatte implacabile il pregiudizio, la battuta feroce ("*ecco il mammo*"), la valutazione negativa di capi e colleghi ("*non è attaccato al lavoro, antepone il suo privato agli interessi dell'azienda*").

I media hanno ampiamente contribuito allo stereotipo di prima generazione: da 87 anni (la tradizione è iniziata nel 1927) il settimanale «Time» mette in copertina a fine anno il volto della persona dell'anno, ma fino al 1999 il titolo era *The Man of the Year*. In 87 edizioni solo quattro donne sono state fregiate del titolo di "Donna dell'anno" (Wallis Simpson nel 1936, Soong May-ling nel 1937, la Regina Elisabetta II nel 1952 e Corazón Aquino nel 1986).

Quella che alcuni testi descrivono come scarsa fiducia in se stesse o insicurezza delle donne[4] è spesso il risultato di una società e di un contesto zeppo di discriminazioni sessiste ben radicate nella cultura e nella società. Una società che troppo spesso ancora si insospettisce, si irrita e appiccica etichette e giudizi alle donne che si mostrano sicure di sé (ovvero "troppo sicure di sé").

È dunque nello spirito del tempo la battaglia che l'attuale Direttore Operativo di Facebook, Sheryl Sandberg, sta combattendo contro gli stereotipi di genere che spingono indietro, che bloccano le crescita delle donne nelle organizzazioni economiche, politiche e sociali in America.[5] Stereotipi frutto in gran parte di una rappresentazione stucchevole del femminile propinata dalle immagini sui giornali e in tv.

"Diventiamo ciò che vediamo" dichiara la Sandberg. "Sono i modelli che incontriamo a supportarci o limitarci nella liberazione e nell'espressione del nostro potenziale."

È necessario cambiare le immagini di donna che sono sui giornali, nella pubblicità e in tv. Una lotta parallela a quella condotta da Lorella Zanardo, la quale da anni documenta e combatte il problema. Diventata famosa con il documentario *Il corpo delle donne*, un successo da otto milioni di spettatori, che ha denunciato le ripetute umiliazioni e la mercificazione dell'immagine femminile nei media, svolge un importante lavoro di sensibilizzazione tra i giovani adolescenti nelle scuole, raccogliendo e diffondendo proposte per rivoluzionare la situazione attuale.[6]

Esistono però altri stereotipi, meno visibili, più sotterranei e sottilmente perniciosi, che si insinuano con classe e discrezione. Magari sono presenti proprio lì dove stai facendo una brillante carriera. Se sei donna e hai adottato stili e modi più maschili per riuscire a sfondare il maledetto soffitto di cristallo, forse nemmeno te ne accorgi.

Si insinuano là dove il modello prevalente nel business – in particolare nei Paesi latini – è di matrice maschile, per non dire "machista". Dove regna una leadership muscolare, che ci ha abituato alla bugia, alla negazione di chi si è veramente. Una leadership che nega il proprio potenziale, che si troverà a essere prima infiacchito, indebolito, e poi inesorabilmente estinto.

L'«Harvard Business Review» nel settembre 2013 li ha definiti stereotipi di seconda generazione:

- Se sei emotivamente alfabetizzata ed empatica, sei emotiva.
- Se dai feedback agli altri, fai domande e accogli in modo gentile un collaboratore o un team, sei troppo "carina", "disponibile", ossia non hai polso, non sei sufficientemente dura e aggressiva.
- Se sei diretta e assertiva sei "bossy", ovvero autoritaria, saputella.
- Se hai una forte personalità, osi essere ambiziosa, contraddici un uomo, come minimo sei etichettata come "stronza".

Questo genere di pregiudizi erige sottilissime e spesso invisibili barriere alla crescita delle donne nelle aziende. Stereotipi forgiati dentro strutture organizzative dove per fare carriera è necessario occuparsi di gestire il potere, esercitare il *dividi et impera*, essere razionali, aggressivi, competitivi.

Modelli di interazione che più o meno consapevolmente avvantaggiano gli uomini e mettono in difficoltà le donne. Tra le barriere, alcune sono più visibili:

- **Mancanza di modelli di leadership agiti da donne.** Sono ancora troppo poche le donne in posizione di comando che agiscono con stili e comportamenti "diversi", originali e non mimetici e di derivazione maschile. È prevalente uno sguardo sul mondo di tipo maschile. Ed è invece di un doppio sguardo, femminile e maschile, che c'è oggi un enorme bisogno.
- **Il mondo del lavoro è stato progettato per gli uomini. Le donne non c'erano.** I processi per crescere, fare carriera, acquisire quella che tristemente viene chiamata "visibilità", non favoriscono le donne. Come la "job rotation" accelerata, che dalle donne è meno gradita: sono soprattutto gli uomini ad accettare di essere trasferiti in giro per il mondo per scalare le gerarchie, talvolta con le loro donne al seguito che in genere perdono il lavoro senza ricollocamenti.
Esercitare un doppio sguardo in azienda, maschile e femminile, significa ridisegnare processi aziendali, rivedere policy, mission, valori, obiettivi. E forse anche tutti i sistemi di valutazione delle performance, i cosiddetti sistemi premianti. Perché le donne vedono cose diverse e dunque premiano altro e altri!
- **Le donne hanno meno network informali cui appoggiarsi.** O comunque hanno connessioni più deboli, più recenti. Gli uomini fanno clan e lobby da secoli, tendono a federare quelli simili a loro, a diventarne mentori per poi promuoverli. È tra quelli più simili a loro che cercano, quando ne sono capaci, una linea di successione. Spesso a discapito del merito.
- **In molte culture mascolinità e leadership sono collegate.** Il leader ideale, così come l'uomo ideale, è di tipo alfa: deciso, assertivo, muscolare se necessario, indipendente. Al contrario, dalle donne ci si aspettano gentilezza, cura e attenzione agli altri più che a se stesse. La non corrispondenza tra le

qualità femminili attese e le qualità necessarie per esercitare la leadership pone le donne alla mercé di un doppio vincolo. Le ricerche dimostrano che le donne che eccellono nei cosiddetti domini maschili sono viste come competenti, ma non sono gradite come i loro corrispettivi maschili. I comportamenti che nell'uomo evocano fiducia in se stessi o assertività, nelle donne vengono letti come arroganza o durezza. Se invece una donna in una posizione di leadership gioca uno stile più di tipo femminile può essere apprezzata ma rischia di non venire rispettata, di essere considerata troppo emotiva per prendere decisioni difficili, e di conseguenza troppo debole per essere una vera leader.

La ricerca citata nel primo capitolo su un gruppo di sessanta donne leader aveva già evidenziato il nuovo trend.[7] Le donne, se messe nelle condizioni numeriche e qualitative giuste per farlo, annulleranno le vecchie metafore di *people management*, ormai superate, e ne introdurranno di nuove. Nuove modalità di gestione di team e di singoli.

Come abbiamo visto, le donne intervistate, parlando della loro esperienza di capi e di leader, facevano spontaneamente riferimento alla loro esperienza di madri. Il linguaggio usato per i loro collaboratori era mutuato dal lavoro di cura: ispirare, abilitare, guidare, supportare, nutrire, lasciar andare, stare in attesa, discutere di ciò che è stato fatto bene piuttosto che di ciò che non va.

Le stesse donne intervistate si dichiaravano in difficoltà rispetto a parole come *potere*, *successo*, *rischio*, *traguardo*; sono ben lontane da metafore guerresche e sportive, troppo competitive, ansiogene, escludenti.

Si percepivano diverse, cosa che le ha autorizzate a dichiarare che "*to lead*", guidare per far crescere, significa mettere in pista altri modelli legati alla cura e all'ascolto, alla generatività del gruppo piuttosto che alla competizione e al rinforzo egoico del singolo, o alla ricerca ossessiva del più bravo.

Insomma, far crescere un'organizzazione attraverso l'esperienza della cura materna: un'esperienza accessibile anche agli uomini, padri e non. Un'esperienza che non è un'esclusiva dei genitori.

Cosa potrebbe accadere se provassimo a ripensare alla leadership (parola che nel linguaggio organizzativo è avvolta da percepiti maschili, proprio perché legata all'idea di eroe salvifico che combatte e porta a casa il risultato) a partire dalle qualità del materno?
**Quali sono le qualità "prevalenti" nelle donne che potremmo riconoscere e valorizzare sul lavoro?**
Quali sono le qualità "più femminili" degli uomini che potremmo valorizzare e che da secoli ostinatamente i maschi – quando se lo consentono – mostrano solo in privato?
Cosa potrebbe accadere a un'organizzazione, a un'azienda che "vede" e "valorizza" la cura, l'ascolto, la pazienza, la resilienza, la costanza e l'esempio?

## La leadership materna: cosa è

- è naturale, è qualcosa che possediamo già;
- è nutrita dalla pratica, non si impara studiando un manuale o frequentando un corso;
- è una pratica per fare "da guida" anche sul lavoro;
- è una pratica per individuare, nutrire e far crescere nuove guide e nuovi leader;
- è una pratica per stare dentro alla realtà, l'esperienza, il sentire;
- è un laboratorio per creare nuova potenza e abbondanza;
- è un inizio necessario per mettere in circolo qualcosa di più sano e più bello;
- è una pratica per ripensare l'organizzazione del lavoro e forse persino dell'intera economia;

- è una pratica per elaborare i "saperi" oggi più necessari: saper osservare, saper stare, saper generare, saper lasciare, saper aspettare, saper abilitare, saper accogliere, saper impollinare, saper perdere, saper negoziare;
- è una pratica per trasformare contesti obsoleti, faticosi, stressanti, inadeguati, non più efficaci.

Le competenze, le caratteristiche di questa forma di leadership, di cui si sono già occupati scienziati, psicologi, sociologi, esistono da sempre, ma come molte forme naturali e "innate" di saggezza sono state costrette a vivere sottotraccia, nel privato, nella cura familiare, nelle confidenze delle donne.

Competenze – quelle materne – escluse dunque dalla ribalta mediatica e da avventure pubbliche. Competenze e sensibilità confinate presso il focolare domestico, accanto alla cura dei figli e dei genitori.

Forme di potenza privata, invece, che per secoli sono state totalmente sottratte al palcoscenico economico e politico, poiché "ci avevano convinto" che il governo delle cose del mondo avesse bisogno di altro.

Un "no" immotivato ai sentimenti, agli affetti, alla vulnerabilità, al femminile che muove e commuove.

Un "sì" perentorio al decisionismo spinto, alla sicumera di chi sa cosa si può e si deve fare, alla visibilità della forza e all'invisibilità della vita.

Con questo libro non abbiamo la presunzione di fornire una definizione univoca ed esaustiva di leadership materna.

La definizione è quella secreta dall'esperienza diretta di ciascuna e ciascuno. Scoperte, testimonianze, confronti, nuove teorie possono solo supportarci nel riconoscerla dentro di noi per applicarla poi con consapevolezza e assertività nelle relazioni e sul lavoro.

Crediamo si possa fare, senza essere accusati di eccessiva

semplificazione, un'estrazione del suo succo: una sorta di "concentrato" per abituarci a "vederla", a frequentarla, a comunicarla, ad applicarla.

Un concentrato, un estratto di pratica e di amore. Perché **solo praticando e amando, la leadership materna arriva**.

---

PARTORIRE ED ESSERE PARTORITI

Il partorire e l'essere partoriti, il dare alla luce e l'essere generati, la possibilità di creare e il nascere nella dipendenza da altri riporta esplicitamente alla figura della madre.

> *Essere partoriti ci segna per tutta la vita: siamo dipendenti, abbiamo bisogno dell'altra, o dell'altro, in lei o in lui è, e rimane collocata, la nostra libertà.*[8]

Il grembo materno che ci dà la vita è anche ciò che genera in noi il desiderio di essere nuovamente abbracciati e avvolti dalla nostra "matrice", da quell'involucro vivente e pulsante che nei primi mesi di esistenza ci ha dato tutto e ci ha protetto da tutto, grazie al corpo di nostra madre.

Crescere e conquistare la propria autonomia non vuol quindi dire rinnegare la propria origine e guadagnarsi un'assoluta in-dipendenza, intesa come totale autosufficienza: non ci siamo fatti da soli e nessuno può sopravvivere senza respirare, senza bere o senza mangiare, senza avere alcuna relazione con gli altri.

L'indipendenza va quindi riletta alla luce della preposizione italiana *in* e non della negazione di derivazione latina: indipendenza è la capacità di stare nella dipendenza senza esserne schiavi.

Indipendenza è, in realtà, interdipendenza: la capacità di capire che abbiamo bisogno degli altri e del loro riconoscimento, perché è lo sguardo altrui che ci rimette al mondo ogni giorno, ma solo se il riconoscimento avviene nel contesto di una libertà reciproca basata sulla fiducia.

**La fiducia è quella con cui la madre accetta di soffrire partorendo, in attesa della nuova creatura che ha dentro, ed è quella con cui guarda il suo piccolo crescere, consentendogli di stare bene nella relazione con lei e con gli altri.**

Ed è la stessa fiducia che si trova nello sguardo potente, materno di chi sa "partorire" qualità nuove nell'altro.

Essere partoriti quindi significa essere vulnerabili: dobbiamo continuamente soddisfare i nostri bisogni, siamo molto fragili e dipendiamo da chi si prende cura di noi.

Si tratta di una vulnerabilità che può facilmente estendersi all'intera esistenza: le sfide che investono tutti i settori della nostra vita sembrano spesso sfuggire al nostro controllo.

Le nostre fragilità si scontrano con il mito dell'affermazione di sé, dell'autosufficienza e dell'individualismo, della sfrenata competitività e del desiderio illimitato che la nostra società continuamente ripropone. Così le nostre fragilità ci fanno sentire deboli e sconfitti, e non desideriamo altro che rimuoverle.

Tuttavia, essere donne e uomini vuol dire essere imperfetti, bisognosi di legami.

Riconoscere questa vulnerabilità non significa "stare nella fragilità" ma, al contrario, significa trasformarla in potenza. Perché **la vulnerabilità riconosciuta è vulnerabilità generativa.**

Le donne materne ci insegnano che la vulnerabilità è generativa quando crea relazioni affettive, quando alimenta il desiderio di protezione e connessione reciproca, in un clima di fiducia in cui si cresce insieme, come nel percorso di una maternità riuscita.

**Le donne materne ci insegnano che una vulnerabilità accolta e trasformata in relazione d'amore e di fiducia reciproca è una risorsa potente.**

## La leadership materna è questione di pratiche

Donne e uomini, manager e leader di organizzazioni e comunità, dovrebbero tenere bene presenti due cose.

La prima è che non ci sono teorie, letture, manuali, master o maestri che possano insegnarci la leadership materna: senza pratica, semplicemente, non esiste. Perché prima ancora di comprenderla e definirla è necessario praticarla. Sporcarsi le mani. Esserci dentro con il corpo, con la testa e il cuore.

Altrimenti non esiste. Altrimenti, di fatto, non c'è.

La seconda è che molti di noi, anzi, tutti noi, possediamo spesso in modo inconsapevole questa forma di stare nel mondo. È già una nostra compagna.

Il nostro essere più profondo la conosce, la possiede, la contiene già dentro di sé. A volte questa leadership è lì sopita, in altri momenti della vita è totalmente visibile e potente.

È una leadership che nasce, si nutre e cresce attraverso pratiche di cura di tipo materno. Se non ci siamo dentro, a queste pratiche, non possiamo comprenderla né sentirla. Non possiamo godere gli effetti su di noi, sugli altri, sulle cose che facciamo oggi e su quelle che altri faranno domani, quando noi, probabilmente, non saremo più lì.

---

DOMANDE DI VERIFICA SULLA PRATICA (PER GENITORI E NON)

Come madre/padre pratico la genitorialità?
Chi e cosa accudisco?
Ci sono relazioni e/o progetti verso i quali mi sento di essere materno?
Cosa vuol dire per me esercitare il ruolo di figlio?
Quali sono le comunità che hanno bisogno di me?
Cosa vuol dire per me mettere in pratica la mia capacità di esserci?

## La leadership materna è tenere insieme maschile e femminile

Sembra quasi che nel mondo abbiano convissuto nei secoli due modelli prevalenti di leadership, di governo del mondo: uno fuori dalla casa, esercitato dagli uomini, l'altro dentro le mura domestiche, dominio delle donne.

La teologa Ina Praetorius le chiama le due sfere: una sfera superiore, maschile, e una inferiore, muta e invisibile, femminile. Una sfera più alta, la polis, dove ci sono gli uomini liberi, dove impera il mercato e lo scambio di denaro, e una più bassa, quella della casa, governata dalle donne che vi soddisfano i bisogni di cura primari.

Su, in alto, sono gli uomini a parlare di tassi di sconto, di spread, di ardite teorie finanziarie; giù, in basso, sono le donne a occuparsi dei bisogni reali, a curare il fisico e lo spirito, a generare, educare, crescere, e in gran parte del mondo a fare di tutto per far sopravvivere i propri cari.

Su, in alto, di nuovo gli uomini impegnati a esercitare pratiche di leadership muscolare in politica ed economia, pratiche di governo del mondo legato alle parole "potere", "denaro", "gloria"; giù, in basso, ancora le donne a occuparsi di tutte quelle transazioni gratuite, non remunerate, legate all'economia domestica e alle pratiche di cura fisica, di nutrimento materiale e spirituale, di bisogni reali.

Due sfere non comunicanti. Due nature separate, segregate. Due mondi.

La leadership materna sa che "la forza della vita è la fecondità".[9]
E sa che la fecondità si produce per contaminazione, scambio, contatto e unione: tenere insieme maschile e femminile rafforza entrambi, moltiplica le potenze.

PRENDI UNA PAUSA: IL RESPIRO SOLE-LUNA

Sole e Luna. Simboli del maschile e del femminile fuori e dentro di noi.
Se vuoi calmare la mente, ossigenare il sangue, portare energia alternata agli emisferi sinistro e destro del cervello, riequilibrare il femminile e il maschile dentro di te, prova questa semplicissima pratica di respirazione:[10]

- mettiti seduta/o in una posizione comoda, su una sedia o in terra a gambe incrociate;

- porta al viso la mano destra, poggia indice e medio sulla fronte (dove c'è il terzo occhio!) mentre con l'anulare e il mignolo uniti chiudi la narice sinistra (quella lunare);

- tenendo la narice sinistra ben chiusa espira dalla destra (quella solare) lentamente e profondamente, senza mai forzare, e poi inspira con lo stesso ritmo, dolcemente;

- la punta del pollice chiude adesso la narice destra. Trattieni un attimo il respiro;

- apri la narice sinistra, espira e poi inspira. Chiudila di nuovo con anulare e mignolo, trattieni brevemente il respiro e poi apri la punta del pollice e fai uscire l'aria dalla narice destra. Inspira di nuovo e richiudi ancora la destra;

- continua così a osservare questo scambio tra le forze del Sole-Luna: il Sole che entra nella Luna, la Luna che entra nel Sole;

- ripeti l'esercizio per qualche minuto e gusta la pace e la calma che senti dentro di te.

## La leadership materna è tenere insieme vita e lavoro

Una bipartizione anacronistica, nutrita da un'altra divisione epocale, quella tra vita e lavoro, è all'origine del tanto rincorso – e mai raggiunto – *work/life balance*: la tanto evocata conciliazione, o equilibrio, tra vita e lavoro. Un equilibrio che "poco" convince; un equilibrio troppo "in odore" di compromesso.

La conciliazione è frutto di una separazione: da un lato troviamo l'alta economia che "legittima" il lavoro, dall'altra l'economia domestica che "tratta" i temi della vita.

O vivo, o lavoro. Mai vivo *e* lavoro. O semplicemente: vivo.

È arrivato il momento di provare a smontare questa visione del mondo: **economia alta = governo del mondo attraverso il potere e il denaro; economia bassa = governo della casa e luogo della cura**.

È arrivato il momento di "spingere" per costruire una visione nuova, una visione integrata, un modo per mettere e tenere insieme quelle che abbiamo da sempre etichettato come cose alte e cose basse.

Una ricongiunzione reale tra vita e lavoro ha ricadute importanti su cosa è femminile e cosa è maschile al di là del genere, al di là degli stereotipi, fuori dalle gabbie.

Ed è dalla ricongiunzione di queste due sfere che possiamo pensare di "partecipare al gioco del mondo con nuove pratiche".

Si tratta di un nuovo Big Bang, di un nuovo inizio: la creazione di un nuovo ordine.

## La leadership materna è una ricerca di amore

Secondo Jacques Lacan, psichiatra e psicoanalista, "l'opposto dell'amore non è l'odio ma il potere".

Elabora il concetto la giornalista e blogger Marina Terragni: "Rovesciamo i termini e tutto diventa più chiaro: l'opposto del potere è l'amore. Forse le donne si tengono alla larga dal potere per non rinunciare all'amore".[11]

Secondo lei – e come non essere d'accordo – gli uomini hanno sempre cercato di convincerci che l'amore non c'entra nulla col lavoro, con l'economia e con la politica. Di nuovo una separazione, che fa parte di un immaginario e di una visione del mondo prevalentemente maschile: si basa sugli opposti, sui dualismi, sulle divisioni. L'amore è privato, il potere è pubblico; il corpo è diviso dallo spirito come la forza dalla fragilità. Il maschile è degli uomini, il femminile delle donne.

Sono cesure, partizioni della realtà che non corrispondono al vero, ma scolpiscono in modo netto i due blocchi: il blocco granitico della vita contrapposto al blocco ancora più granitico e gelido del lavoro.

Ma cosa è privato, cosa è pubblico?

Siamo una sola persona che cerca affannosamente di ricongiungere ciò che certe pratiche sbagliate ci hanno forzato a dividere: vita e lavoro, maschile e femminile, pubblico e privato, forza e vulnerabilità, passione e dovere, maternità e lavoro. E siamo tutti, chi più chi meno, impegnati continuamente in pratiche di ricongiunzione.

**Le palestre di leadership materna sono un continuo esercizio di ricongiunzione, di riconciliazione. Ricongiungere è generare amore.**

Nei focus group e nei workshop le donne ci hanno donato una immagine bellissima e potente della ricongiunzione: la rotondità, intesa come capacità di tenere insieme più cose, più attività, più possibilità.

Non si tratta di multitasking, ma di essere totalmente presenti su più fronti.

La rotondità è capacità di dare presenza a tutto. È un abbraccio generoso che si nutre di testa e di cuore, un abbraccio che ostinatamente vuole tenere insieme. È un abbraccio di amore.

L'immunità dalla parola "amore" non è più sostenibile.

L'estraneità dell'amore al lavoro, all'ufficio è un'altra gabbia, un tabù che è necessario abbattere.

Il compito di farlo non spetta solo ai giovani imprenditori delle start-up o a coloro che sono riusciti a lavorare in un campo che risponde a una loro forte vocazione; riguarda anche gli abitanti di uffici più o meno direzionali, più o meno aziendali.

Donne e uomini che si sentono stretti e che sono pronti a cambiare.

Essere una guida amorevole significa dunque essere colui o colei che sa vedere il meglio degli altri, che sa potenziare le qualità migliori di ciascuno, che sa far nascere una persona al meglio di se stessa.

Ma non solo: una guida amorevole è colei che sa armonizzare quel "meglio" all'insieme completo della persona, limiti compresi, e sa risvegliarlo, quando è il momento. Con poco: basta un gesto, uno sguardo d'intesa, una parola di incoraggiamento e fiducia, o una gentilezza. Per dire, senza bisogno di parole: "So che vali".

> *Essere amati è ciò che tutti cerchiamo e quanto siamo stati capaci di amare è ciò per cui probabilmente verremo ricordati. L'amore è ciò che avremo lasciato e donato, ciò che rimane di noi.*

## La leadership materna è una questione di metriche

Arianna Huffington, nel suo *Cambiare passo*, ci invita a fare spazio a nuove metriche, e a rivisitare quelle del successo. A riconsiderare ciò che facciamo non più in funzione di potere, denaro e glorie personali, bensì a ripensarlo ai fini delle nostre opere e del nostro agire nel mondo per raggiungere nuove mete, quali il benessere, la meraviglia e la capacità di donare.

Indagini di mercato fatte in America confermano che nessun

ragazzo intervistato ha espresso come desiderio quello di fare soldi, raggiungere posizioni di potere, o andare in pensione tardi.[12] Le aspirazioni riguardano l'insegnamento e la ricerca di bonus in tempo libero più che in denaro.

"I ragazzi non vedono la professione come un mezzo per pagare l'affitto ma come un percorso per esplorare passioni, hobby, filosofie di vita" racconta Arthur Kay, fondatore del social business Bio-bean. Percorsi di ricerca e di soddisfazione olistica dell'individuo e non scelte obbligate o compromessi a cui sentirsi forzosamente spinti tra realizzarsi nella vita o sul lavoro.

Nei Paesi economicamente e socialmente più evoluti è in corso una ricerca di consapevolezza inarrestabile; una corrente trasformatrice alimentata da donne e uomini che vogliono conoscersi, accettarsi, esplorare le proprie possibilità e potenzialità, mettersi in gioco ciascuno a modo suo. È voglia di rientrare in contatto con se stessi per riconoscere e mettere in circolo la propria vocazione, per vivere meglio. Significa volersi curare della propria anima mentre si lavora al progetto di un'organizzazione, di un'azienda, possibilmente con una missione forte.

Le organizzazioni hanno un ruolo fondamentale, e con esso grandi responsabilità, nel ridefinire regole e parametri per essere sostenibili e migliorare il mondo, per supportare la risoluzione di conflitti e per orientare verso il massimo benessere possibile le scelte economiche e politiche di piccole comunità come di grandi nazioni.

Le aziende verranno sempre più spesso chiamate a promuovere non solo nuovi obiettivi, ma anche nuovi modi per riconoscere il contributo di ciascuno ai nuovi obiettivi, orientati a produrre non solo beni, ma anche forme diverse di saggezza collettiva. Sono forme che, per essere viste e messe in pratica, hanno bisogno di capacità come quella di generare e mettere in circolo amore.

*La maternità è un master*

> SONO CONSAPEVOLE?
>
> Attraverso il lavoro cosa sto scoprendo di me, della mia vocazione?
> Cosa vuol dire successo per me?
> Cosa sta facendo la mia società per migliorare altre comunità, per offrire anche del benessere?
> Cosa potrei fare o comunicare per portare bellezza e saggezza in ufficio... domani?

La leadership materna è una ricerca di abbondanza

Se è vero che è l'amore a far girare il mondo, possiamo dire di avere una buona ragione per iniettarne dosi massicce all'interno del lavoro.

Il lavoro è da troppo tempo strizzato nel paradigma imperante della paura. Paura di perderlo, paura di non trovarlo, paura del capo, paura del giudizio, paura di non farcela...

Le statistiche ci danno continui bollettini sull'infelicità *"at work"*. Una ricerca condotta da Istituto Gallup tra il 2011 e il 2012 su 2,5 milioni di persone di 142 Paesi, i cui esiti sono stati resi noti nel 2013, riporta che circa il 63% dei lavoratori intervistati si sente emotivamente disconnesso e il 24% attivamente disconnesso dal proprio lavoro, dunque svolge la propria mansione senza entusiasmo.[13] Sempre Gallup, attraverso l'indice del benessere, conferma che una vasta maggioranza di persone pensa che il proprio lavoro vada a totale detrimento del proprio benessere personale. Solo il 13% dichiara di sperimentare un benessere generale, di stare bene grazie al proprio lavoro.

> *Sei felice del tuo lavoro?*
> *Su 120.000 persone intervistate in 31 Paesi,*
> *a questa domanda solo la metà risponde di sì.*[14]

Quando si parla di lavoro siamo abituati a entrare in un paradigma di pesantezza, di infelicità, di impotenza.

Per molte persone la potenza naturale che si rende visibile e che possiamo toccare in alcune attività e relazioni che ci stanno più a cuore sul lavoro viene narcotizzata: è compressa, limitata, difficilmente riconosciuta.

Eppure esistono risorse che in alcuni momenti della vita vengono magicamente fuori.

Stanno lì silenziose, nascoste e poi, tutto a un tratto, un figlio, il bisogno di un genitore, l'impegno in una comunità, un amico, una malattia, ci restituiscono parti di noi rimaste a lungo sepolte. Ecco dunque l'occasione che ci fa mettere in pratica qualcosa che possediamo già, che attiva modi di ascoltare, di essere presenti, pazienti, attenti in modo più efficace, più potente.

Come se ci fosse già una predisposizione a occupare quello spazio materno e di cura dell'altro che è dentro di noi, per renderlo abitabile, anzi accogliente.

Spesso, però, quella potenza – che l'occasione o la vita ci ha donato – torna a nascondersi, ad assopirsi, a essere velocemente sedata. Non ci consentiamo di tirarla completamente fuori. Di usarla fino in fondo. Se ne porta solo un pezzettino sul lavoro, giusto quando serve. Il resto della potenza, che al momento del parto per molte donne diventa persino senso di onnipotenza, in ufficio rimane volontariamente in un angolo riparato, per alcune addirittura cieco.

Spesso si tratta di una forma di protezione di ciò che stiamo autenticamente sperimentando, adottata anche per non turbare troppo e per non mettere in crisi prassi e riti lavorativi che quella potenza non "vedono", o non vogliono vedere, perché non la considerano utile, non la sentono abbastanza produttiva. Anzi, se manifestata con troppa assertività, può creare imbarazzo o addirittura delusione.

Sbarramenti, tagli netti tra vita e lavoro a bloccare qualsiasi tipo di travaso, di transilienza, di passaggio di competenze.

La poetessa polacca premio Nobel per la letteratura Wislawa Szymborska in *Scrivere un curriculum* esprime così queste separazioni: "Scrivi come se non parlassi mai con te stesso e ti evitassi. Sorvola su cani, gatti e uccelli, cianfrusaglie del passato, amici e sogni".

Per quanto tempo ancora possiamo permetterci di stare in questo modo sul lavoro?

Quali burn out vogliamo causare a noi stessi o lasciare in eredità alle generazioni future?

Non è possibile generare abbondanza di profitto, di relazioni, di saggezza, di dono, di sostenibilità, di comportamenti etici e di comunità se continuiamo a essere così stanchi, prostrati, affannati, sempre di corsa e stressati.

**C'è un disperato bisogno di generare qualcosa di nuovo e più creativo per ricostruire il mondo a partire da nuove categorie, da nuove metafore, da nuovi strumenti**.

È vitale ed evolutivo generare un nuovo vocabolario per:

- prendere decisioni;
- gestire cambiamenti e muoversi nell'incertezza;
- saper improvvisare;
- essere strateghi, ma allo stesso tempo stare nel "qui e ora";
- occuparsi del proprio prodotto/servizio, ma anche di ciò che c'è fuori;
- usare la propria potenza;
- iniettare vita e potenza ai progetti e alle relazioni.

Le parole di questo vocabolario possono essere cercate tra le pratiche e le relazioni quotidiane. In collaudate palestre di leadership "prêt-à-porter" che la vita ci offre per generare abbondanza, benessere, felicità.

## DOV'È LA MIA POTENZA?

Leggi ciascuna domanda, respira, e osserva ciò che viene fuori prendendoti tutto il tempo necessario e senza giudicarti.
Scrivi le tue risposte, perché anche la scrittura è generativa.

- Ti piace quello che fai ogni giorno?
- Al lavoro usi i tuoi punti di forza per fare ciò che fai al meglio?
- C'è qualcuno che sul lavoro incoraggia il tuo sviluppo?
- Sul lavoro le tue opinioni sono importanti o hai paura di dire quello che pensi?
- Ci sono dei modi di fare, dei comportamenti che ti vengono più naturali a casa e che fatichi a mettere in pratica sul lavoro?
- Cosa vorresti poter cambiare?
- Ci sono delle scoperte che hai fatto e che vorresti comunicare sul lavoro?
- C'è qualcosa di cui vorresti sentirti libero di parlare?

## Note

1. Rita Torti, *Mamma, perché Dio è maschio? Educazione e differenza di genere*, Effatà Editrice, Torino 2013.
2. Giorgia Vezzoli, *Mi piace Spiderman... e allora?*, Settenove, Cagli 2014.
3. Irene Biemmi, *La principessa azzurra*, Coccole Books, Cosenza 2014.
4. K. C. Kay, C. Shipman, *The Confidence Code*, HarperBusiness, New York 2014.
5. Sheryl Sandberg, *Facciamoci avanti*, Mondadori, Milano 2013.
6. I libri di Lorella Zanardo sono *Il corpo delle donne*, Feltrinelli, Milano 2010 e *Senza chiedere il permesso*, Feltrinelli, Milano 2012. Sul suo blog, www.ilcorpodelledonne.net, si trovano tutte le informazioni sulla sua attività, tra cui il programma di educazione ai media *Nuovi occhi per la tv*.
7. Sumru Erkut, *Leadership: What's Motherhood Got to Do with It?*, cit.
8. Ina Praetorius, *Penelope a Davos. Idee femministe per un'economia globale*, cit.
9. Hannah Arendt, *Vita activa*, Bompiani, Milano 2000.
10. Gabriella Cella Al-Chamali, *Meditazione e yoga*, Rizzoli, Milano 2004.
11. Marina Terragni, *Un gioco da ragazze*, Rizzoli, Milano 2012.
12. Adam Smiley Poswolsky, *The Quarter-Life Breakthrough*, 20s & 30s Press, 2014.
13. *State of the Global Workplace: Employee Engagement Insights for Business Leaders Worldwide*, Gallup, 2013.
14. *The Kelly Global Workforce Index 2013: Employee Engagement and Retention*.

CAPITOLO 5
# Crescerli perché siano più forti di noi

*Dove si scopre che cos'è la leadership generativa. E perché è materna*

## La piramide di maam

Quante ragioni ci sono per voler diventare madre? A quale impulso, a quale bisogno risponde la maternità?

I bisogni che sono un gradino sopra a quelli di sopravvivenza (respirare, mangiare, bere...) si modificano insieme al mondo, cambiano a seconda della cultura in cui viviamo, dipendono da fattori contestuali tutt'altro che assoluti.

La più famosa classificazione dei bisogni dell'uomo è quella proposta dalla piramide di Maslow, che trovate nella pagina che segue.

Secondo la teoria dello psicologo statunitense, ogni volta che riusciamo a soddisfare una categoria di bisogni (partendo dalla base della piramide), passiamo alla successiva.

Possiamo preoccuparci della nostra sicurezza solo dopo aver soddisfatto i bisogni primari, immediatamente dopo abbiamo bisogno di sentire di "appartenere" a qualche sfera sociale, poi ci interessiamo alla nostra autostima e infine, al massimo della sofisticazione, ci dedichiamo alla nostra autorealizzazione. Impossibile, però, occuparsi di cose creative con la pancia vuota, o se ci si sente in pericolo, oppure soli...

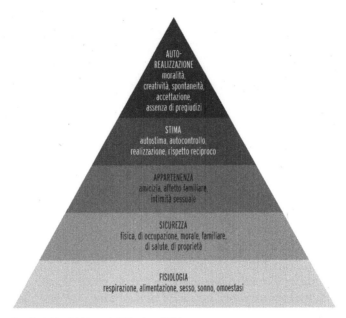

*La piramide dei bisogni di Maslow, 1954*

Oggi, nei Paesi avanzati, la soddisfazione delle prime due categorie è praticamente data per scontata: viviamo al caldo e al sicuro nelle nostre case e ci sembrerebbe strano non avere da mangiare. Troviamo abbastanza normale anche avere una sfera sociale di appartenenza, mentre lavoriamo attivamente sulla nostra autostima e sulla nostra realizzazione.

Ispirandoci alla piramide di Maslow, con maam proponiamo uno schema che spiega i diversi bisogni cui può rispondere oggi l'esperienza della maternità, a seconda del **grado di evoluzione della consapevolezza della madre**.

La piramide di maam qui a fianco spiega la maternità con quattro classi di bisogni:

1. la risposta a un istinto puramente biologico;
2. la risposta al bisogno di un legame, un senso di appartenenza;

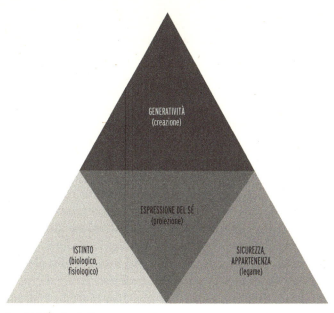

*La piramide di maam*

3. la risposta a un bisogno di espressione del sé;
4. la manifestazione di un atto squisitamente generativo.

Esaminiamoli velocemente.

**I due bisogni alla base della piramide sono bisogni primari**, sono quelli che da sempre ci spingono a mettere al mondo dei figli.

Il primo è un innegabile istinto naturale, che fa ticchettare l'orologio biologico a mano a mano che si abbassa la fertilità, quello che fa aumentare l'istinto materno quando il corpo è pronto per la procreazione: insomma **il puro e netto intervento della natura sulla volontà**, che per fortuna continua a essere più forte di tutti i segnali contrari intercettati dalla nostra mente (e la carriera? e il tempo per me? e i soldi? e l'organizzazione della vita?).

Se anche tutti gli altri bisogni saltassero per aria, la natura non mollerebbe questa sua leva così potente, *"embedded"*, radicata dentro il nostro corpo da milioni di anni.

Il secondo bisogno è altrettanto radicato nella nostra storia di esseri umani: **essere madri per appartenere (e per possedere)**, per creare un legame che dà un senso all'esistenza. Quindi, la maternità come elemento identitario fondante, che assicura alla donna un ruolo nel mondo e tutti i benefici a esso collegati. Le donne che soddisfano sicurezza e identità attraverso altri aspetti della vita (per esempio col lavoro) e che tutto sommato lasciano ticchettare l'orologio biologico senza troppo stress, possono arrivare alla maternità per soddisfare una categoria di bisogni più avanzata: quella dell'autorealizzazione.

**Avere un figlio diventa così il più totale, coinvolgente e coraggioso atto di espressione di se stesse**. Il figlio è una proiezione di sé: della propria vita, dei propri sogni e desideri, di quel che una donna ha saputo fare e anche di quel che avrebbe voluto ma non ha fatto. È un atto creativo con uno scopo: proseguire la strada iniziata, non lasciarla finire con noi; un figlio lo renderà possibile assomigliandoci e prolungando la vita del nostro DNA. Un figlio voluto per esprimere noi stesse, cui daremo tutto quello che abbiamo (e anche quello che non abbiamo), scommettendo la nostra felicità sulla sua.

È un modo recente di fare questa scelta, svincolandola da bisogni puramente fisici o dalla paura di restare sole.

Non c'è un modo "giusto", un bisogno giusto a cui la maternità debba rispondere: le diverse categorie sono solo espressione delle diverse fasi culturali che una donna attraversa e della consapevolezza con cui compie tale scelta.

Solo con questa premessa possiamo passare a descrivere la quarta classe di bisogni cui può rispondere la maternità: la maternità come atto generativo.

## Che cos'è la generatività?

Secondo Erik H. Erikson, psicologo e psicoanalista tedesco che ha individuato otto stadi di sviluppo psicosociale,[1] lo stadio 7 è la generatività, opposta a stagnazione e auto-assorbimento (età adulta media). Per generatività si intende "l'interesse a fondare e guidare la generazione successiva" attraverso l'allevamento dei figli o imprese creative o produttive.

La semplice messa al mondo di figli non garantisce, naturalmente, che il genitore svilupperà un senso di generatività.

I prerequisiti per lo sviluppo in questo stadio sono fede nel futuro, fiducia nella specie e abilità a occuparsi degli altri. Invece che allevare figli, si può lavorare allo stesso modo per creare un mondo migliore per i bambini degli altri.

Lo stadio 7, quindi, fornisce i meccanismi per la continuità della società di generazione in generazione. La mancanza di generatività si esprime con la stagnazione, l'auto-assorbimento (indulgere su di sé), la noia e la mancanza di crescita psicologica.

Tutte le esperienze di maternità hanno già in sé la generatività per definizione, giacché generano la vita. Ma, come abbiamo visto sin dal primo capitolo, ci sono molti modi diversi di essere madre, e alcuni sono più "liberatori" di altri.

Quando si attiva il percorso più liberatorio, **la maternità diventa una delle esperienze più potenti nell'insegnarci a essere generativi: un'attitudine che cambia il nostro modo di essere in ogni aspetto della vita.**

La maternità diventa un'opportunità unica di evoluzione, soprattutto quando ci rende felicemente coinvolti e responsabili anche nella gestione di ciò che è imprevisto, non voluto:

> Nel percorso di crescita personale, la generatività caratterizza l'ingresso nella fase della maturità. Che coincide, di fatto, con il momento in cui ci si incontra/scontra con la realtà.

*La maternità è un master*

> Al soggetto, superata la fase di stabilizzazione dell'autocentratura adolescenziale, è richiesto un "decentramento" da sé e la disponibilità ad aprirsi all'altro (nella dimensione intersoggettiva), agli altri (nella dimensione sociale), al tempo (nella dimensione intergenerazionale), attraverso l'assunzione di un atteggiamento di cura e di investimento per ciò che è stato generato per amore, necessità o caso. Sì, anche il caso: quel "non previsto", quell'alterità rispetto ai nostri piani, che nondimeno ci provoca, chiamandoci fuori da noi stessi, e interpella la nostra responsabilità.[2]

Nel momento in cui ci accorgiamo di applicare gli stessi atteggiamenti di cura che abbiamo con i nostri figli anche a cose che abbiamo prodotto o incontrato inaspettatamente, allora la maternità ci ha davvero allenate a usare muscoli che adesso vanno in automatico, senza fatica, con un serio impatto su ogni aspetto del mondo che ci circonda. Cambiandolo perché sia migliore.

### Desidero, oso, amo: genero

Come si fa ad allenare questi muscoli? L'allenamento più intenso, quello che cambia una donna ogni giorno, avviene attraverso l'elemento che ne fa una madre: il figlio.

Le nostre vite sono strettamente legate a quelle dei nostri antenati e a quelle delle generazioni future. Le relazioni sociali ne hanno sempre fatto parte e hanno determinato molti dei nostri aspetti biologici. Fino a influenzare i nostri geni.

Non meno dell'istinto all'aggressione e di quello alla fuga, **l'istinto della cura** è scritto nel nostro DNA.

> *La cura è una caratteristica umana talmente costante e insistente da giustificare l'uso del termine istinto. Abbiamo circuiti neurali per la cura allo stesso modo*

*in cui abbiamo circuiti biologici per procacciarci
il cibo e per riprodurci. Anche lo sviluppo del nostro cervello
è stato guidato dal nostro istinto alla cura.*[3]

Avere cura non è solo una necessità o un obbligo, ma **una fonte di potenza per l'essere umano**.

Noi siamo fondamentalmente una specie "accudente": segnali di pericolo ci spingono a unirci e proteggerci l'un l'altro. Siamo persone che si preoccupano dei bisogni degli altri, specialmente in situazioni di stress. Facendolo, siamo così in grado di influenzare la biologia e il temperamento gli uni degli altri in modi inimmaginabili.

È sorprendente come **la maternità cambi una donna ancora prima di accadere**. Decidere che si ha voglia di diventare madri vuol dire attivare una serie di istinti che nella vita di tutti i giorni si tende a usare poco.

Avere un figlio equivale a creare uno spazio, riconoscere un vuoto, e poi accendere desiderio e immaginazione perché lui/lei arrivino a riempirlo.

I nove mesi della gravidanza sono il periodo in cui desiderio e immaginazione raggiungono la massima pienezza. Per quei nove mesi la donna si abitua a immaginare e accudire la vita, ma solo dentro di sé.

Le donne accettano e siglano una serie di patti con la natura: dalla trasformazione del corpo, che raggiunge il massimo della potenza mentre se ne perde completamente il controllo, all'accettazione del dolore fisico che consentirà di partorire. Un dolore fortissimo, talmente insopportabile da essere subito dimenticato. Un dolore che viene accolto insieme a tutto il resto, e attraverso il quale le donne manifestano, con questa professione di fede obbediente alla natura, tutta la loro forza di volontà.

Il primo atto della capacità che sta nascendo – di generare, far crescere e lasciar andare – è quindi già tutto dentro di sé.

Nella consapevolezza della forza messa in campo, nell'accoglienza riservata al desiderio, nel coraggio con cui ci si libera della paura. La paura, infatti, è la prima nemica della generatività.

La paura, e quindi il bisogno di limitare lo spazio concesso all'ignoto, può spingere a partorire senza fare spazio al cambiamento. E quindi partorire solo per dare una proiezione di se stesse, e poi restare al centro del quadro con il proprio figlio, pensando che questo proteggerà entrambi.

Diventare madre in modo generativo è, invece, l'esercizio di prendersi uno, mille rischi, di misurarsi con se stesse su territori sconosciuti, destinati a cambiare ogni giorno. È fare cose mai fatte prima, spostandosi consapevolmente nel mondo dell'inaspettato e dell'ignoto. È alleggerire la propria zona di comfort, accettando che si alimenti di dosi di certezza ben più blande rispetto a quelle che prima ci facevano sentire al sicuro.

Insomma, mettere al mondo un figlio è probabilmente il più insensato degli "insensati atti di bellezza"[4] che una persona può compiere. E provoca, dentro di noi, una rivoluzione.

Perché, quando la maternità è generativa, esplode l'amore. **L'amore incondizionato, l'unico che può insegnarci così velocemente – e contro ogni condizionamento culturale – il movimento del dare**.

> Generare fa parte di un insieme di termini quali generosità, genialità, genitore, che condividono la stessa radice "*genus*" (genere), la quale rimanda a significati quali partorire, germogliare, fabbricare. In sostanza, mettere al mondo. O, più estensivamente, dare vita, far essere. Si coglie qui la natura "dativa" del generare. Che non è frutto di un imperativo moralistico, ma di **quel potente movimento interiore che, mettendoci in sintonia con il movimento della vita, ci spinge a un ruolo attivo nei confronti della realtà**.[5]

Quando generiamo – qualunque cosa: un figlio, un progetto, un'impresa – ci mettiamo in gioco, affrontiamo la paura del cambiamento, acquisiamo un ruolo attivo verso la vita, ma facciamo anche tanta fatica... e che cosa ne riceviamo in cambio – se non fosse già una ricompensa sufficiente quella di imparare ad amare con tanta intensità, e quindi poter usare questa energia col mondo intero?

> Quando è nata la mia prima figlia, mia madre mi ha detto una frase... che ha strappato il velo anche tra noi due.
> Mi ha detto: "Da questo momento non sarai mai più sola. È venuto al mondo qualcuno che ti obbligherà, per il solo fatto di esistere, a essere coerente, costante, forte. Qualcuno che ti metterà di fronte a tutte le tue possibilità, lasciandoti senza scuse se non vorrai dare tutto quel che hai, essere tutto quel che puoi.
> È venuto al mondo chi non ti chiederà mai di amarlo meno di così".[6]

*Percependomi più forte riesco ad accudire di più.*
*Accudendo di più mi sento più forte.*[7]

## 1. Arrivi: ti faccio spazio (con allegria!)

> E adesso che sei qui, che ci faccio con te, piccolino mio? Ti nutro, ti curo, ti osservo crescere, ti do delle regole, ti tengo per mano, ti accompagno... dove?
> Dove tu inizi, io finisco: come li organizziamo questi spazi?[8]

La prima cosa da fare, quando sta per arrivare un bambino, è proprio crearli, gli spazi. Disorganizzare l'esistente perché il nuovo non debba entrarci a forza, starci stretto. Maniche rimboccate e sguardo critico: perché cambiare vuol dire liberarsi di alcune cose, archiviare il vecchio, dire dei no. Facendolo, ottimizzare. E facendolo, cambiare anche se stesse.

Gli spazi di partenza, i più sconvolti, sono proprio i nostri. Quelli faticosamente costruiti su adolescenze inquiete, quelli che avevamo appena finito di recintare, grazie a un lavoro gratificante, a relazioni sensate.

In questo esercizio – che non produce stress, ma stimolazione continua – attraverso il quale impariamo a disimparare tutto, il nostro cervello allena la sua capacità di "metacognizione", ossia l'abitudine di pensare al proprio pensiero.[9]

La tecnica è un po' quella del "parcheggio creativo", quando si cerca di posteggiare l'auto in uno spazio ridottissimo: una piccola botta avanti e una dietro, piano piano, "a cercare spazi di libertà muovendosi nei vincoli della realtà".[10] Un movimento elastico, resiliente, che si avvantaggia di due competenze utilissime in ogni aspetto della vita: l'autoironia e la giocosità.

> *L'autoironia è il modo più divertente per mollare spazi: abbattere certezze senza sentirsi minacciati personalmente.*

"Le donne", come ha detto l'ex presidente finlandese, Tarja Halonen, la prima donna a ricoprire questa carica nel suo Paese, "dovrebbero saper avere personalità senza prendere le cose sul personale." La maternità, anche in questo, è un'ottima palestra.

Intanto perché, quando si diventa genitori, capita di dover maneggiare "sostanze" di cui si può solo ridere, se non si vuole dare di stomaco. Perché ci si abitua a scoprire, una volta che si è già arrivati in ufficio, misteriose macchie sul vestito tenuto da parte per quella riunione importante. Perché si sorride del tentativo di uscire di casa in fretta, quando, nell'ordine, uno dei nostri figli si è fatto la pipì addosso, l'altro è sparito sotto qualche letto, mentre il papà guarda impalato e impaziente nell'ingresso domandandosi cosa c'è che non va.

> Le madri lavoratrici hanno più pazienza, resistenza allo stress, attitudine al problem solving. Sono abituate a non fare troppi

programmi perché affrontano imprevisti tutti giorni e sanno cavarsela. Figuriamoci cosa vuoi che sia la consegna di un report all'ultimo momento se sei sopravvissuta a un'emergenza pannolino, trovando sempre soluzioni brillanti.[11]

I genitori sanno che cosa è importante e che cosa no. Non si prendono troppo sul serio; sanno gestire le crisi. E sanno che è molto più facile gestire dei clienti che i propri figli.[12]

Con umorismo e potenti dosi di ossitocina, quasi ogni crisi può diventare un momento di allegria (quasi!). La rigidità la lasciamo a chi è sempre sicuro di tutto: noi stiamo popolando il mondo del futuro, quello di cui la gran parte ci è ancora sconosciuta.

Quindi, dopo aver fatto spazio nella nostra attitudine mentale attraverso l'autoironia, **con la giocosità e con l'improvvisazione permettiamo ai nostri figli di trovare e disegnare il loro**.

L'elemento che, più di tutti, fa la differenza quando nella vita entra l'autorizzazione a giocare, è l'amore per l'errore.

Non stiamo parlando di tolleranza né di accettazione: le madri generative amano i piccoli errori, che nel gioco e nella vita sono solo il modo migliore che ci sia per imparare e per non farne di grandi.

Piccoli errori portano a grandi soddisfazioni: è molto difficile, infatti, raggiungere le seconde senza passare per i primi. Per questo i figli devono avere il loro spazio quasi da subito, e in quello spazio scoprire che è permesso improvvisare, ed è permesso ridere anche dei propri sbagli.

Giocando e sbagliando, e poi ridendo e ricominciando, senza mai perdere di vista la voglia di riuscire ma spinti dall'allegria e non dall'ansia, i piccoli crescono (anche) senza di noi.

Mi prendo meno sul serio: sono tornata a giocare. Il gioco aiuta a creare il giusto ambiente anche sul lavoro.

Pazienza, tolleranza, accettazione, ironia. Mi arrabbio meno facilmente, ridimensiono la portata di eventi negativi e se riesco ci rido su.

Giocare insieme ai figli, senza esercitare in quei momenti i "diritti degli adulti", puoi replicarlo sul lavoro con sessioni aperte di brainstorming, senza esercitare il tuo potere di capo. Così da metterti in ascolto e permettere a ognuno nel tuo team di esprimersi liberamente e con fiducia.
I figli crescono meglio in un ambiente dove l'ascolto dei genitori è sinonimo di autorevolezza e non di autorità. Puoi fare lo stesso sul lavoro.[13]

In qualche modo, come un ponte, improvvisando e innovando, si deve riuscire ad arrivare dall'altra parte, senza sapere esattamente cosa ti aspetta.[14]

## 2. Ti cresco (con leggerezza): non voglio che tu dipenda da me

Far crescere qualcuno vuol dire essere coscienti che ciò che diventerà, se e come sopravvivrà, sono cose che dipendono principalmente da te, dalle scelte che farai. Può essere una consapevolezza pesante da portare addosso. Ma esiste un modo di essere madre *con leggerezza* che salva entrambi: il figlio dalla condanna al senso del dovere, della restituzione di quanto la madre ha "sacrificato" per lui nel corso degli anni, e la madre da una forma di "dipendenza incrociata", che potrebbe destinare tutti e due all'infelicità.

Attenzione, però: essere una madre leggera non significa essere irresponsabile o disattenta, significa soltanto "pesare" poco.

Ci sarà sempre, se e quando serve. Ci sarà per suo figlio, spinta dall'amore e dall'allegria, ma molto spesso la madre leggera non ci sarà, o sarà defilata, permettendo così che accadano due cose:

- il mondo potrà andare avanti anche senza di lei e il figlio scoprirà di poterne fare a meno, di saper trovare delle soluzioni indipendenti dalle sue.
  "Non c'è un'età minima per iniziare a farlo succedere: mia figlia Marta – 6 anni – tre giorni fa si è preoccupata di farmi sapere (chiamandomi dal telefono della babysitter) che c'era la cena di classe con tutti i compagni di scuola e lei era l'unica a non essersi iscritta perché io ero l'unica mamma a non saperlo. Così, ci siamo andate in extremis grazie alla sua intraprendenza e io sono stata fiera di lei – senza sentirmi in colpa!"[15]
- insegnerà con l'esempio ai propri figli che, come la loro mamma, così tutti hanno il diritto di avere una vita piena, e, quanto più si è realizzati anche al di fuori dei legami, tanto più si porta vitalità e ricchezza a quei legami.

Passata quindi la fase di start-up – quella eccitante e piena di scoperte, quella in cui si è famosi e al centro dell'attenzione perché si è appena messo al mondo qualcosa di nuovo e meraviglioso – **la generatività materna assomiglia al lavoro dell'imprenditrice che deve mettere la propria impresa nelle condizioni di stare sul mercato anche senza di lei e, soprattutto, di sopravviverle**.

I genitori crescono i figli perché diventino più forti di loro. Questo è un imperativo naturale. Crescono figli di cui conoscono ogni unghia e ogni difetto, di cui imparano a distinguere eccitazioni e intemperanze, di cui intuiscono le potenzialità e toccano i limiti. Ma dai limiti non si lasciano ostacolare: riescono a vedere, e quindi a condurre il potenziale generativo, anche oltre le debolezze che capiscono e amano, grazie a una metacompetenza che distingue l'essere umano da tutti gli altri animali: il senso della possibilità.

Aver "visto" prima quello che poteva essere, averlo desiderato e averlo fatto succedere: sono risultati dell'uso del senso della possibilità. Un "muscolo" che coinvolge cuore e cervello, un'attitudine cui oggi, tendenzialmente, viene tuttavia preferito il suo opposto, lo spirito di adattamento, perché più sicuro e (in apparenza) meno faticoso.

Una delle facoltà che la maternità fa più allenare, e che si può portare ogni giorno al lavoro, è conoscere le risorse a nostra disposizione e, invece di vederle come limiti, farne il punto di partenza per la realizzazione del possibile.

> Non mi accontento più, l'orizzonte è più ampio, non faccio più le cose così, tanto per farle.
>
> Sono più visionaria.
>
> Come il mare, che si appoggia sulle rive e le modella e modifica, bisogna con pazienza e determinazione unirsi a quello che c'è per cercare di trasformarlo.
>
> Una delle più importanti azioni a cui un genitore/manager è chiamato è quella del guardare e lavorare con le potenzialità (non con quello che è stato o che poteva essere).[16]

**Vedo quello che mio figlio sarà (quello che potrà essere) e lo rendo possibile, lo facilito.**

In realtà non sono io che lo "faccio succedere": io ho la responsabilità di abbattere i muri che trattengono mio figlio o gli impediscono di vedere davanti a sé, e lui ha quella di crescere e scegliere dove e come andare.

Solo attribuendogli le sue responsabilità – e quindi privandomi di parte del controllo – io posso metterlo nelle condizioni di non dipendere da me. E in questo modo, renderlo veramente forte, veramente altro, non mio (e non me).

## 3. Nel mondo dei miei figli ho una nuova idea di potere

Dalla "possibilità" al "potere", semanticamente, il passo è breve. Eppure la definizione di "potere" non è mai stata più lontana di oggi dal senso della possibilità. Incarnato quasi esclusivamente nel maschile, il potere si connota nel controllo, nell'autorità, nel dominio, nel "posso tutto ciò che voglio".

Il potere come "possibilità di far accadere", come "guida" e come "responsabilità", citato da alcune delle donne leader statunitensi intervistate, ma anche dal nostro campione di mamme italiane, è un'idea completamente nuova.

> La maternità ti dà molta fiducia in te stessa, facendoti capire chi sei, quali sono le tue capacità (un'immensa capacità disinteressata di amare), e quindi ti dà potere. Non più potere visto come autoritarismo, ma come autorevolezza.[17]

> È il potere di creare, il potere di avere cura degli altri: il vero potere umano che abbiamo.[18]

> La cura, la guida, il governo. Un allontanamento dall'idea di potere: in questi concetti c'è piuttosto l'assunzione di una responsabilità.[19]

Come mai madri di Paesi diversi, con background professionali ed esperienze di vita differenti, esprimono spontaneamente un'idea di potere così nuova e così simile tra loro? Che cosa succede al rapporto col potere, quando si diventa madri?

Diventare genitori è probabilmente il modo più efficace per

smettere di essere figli. Non che si rinneghino i propri genitori, ma si acquisiscono una maturità e una consapevolezza che permettono anche ai più "ritardatari" di tagliare il famigerato cordone ombelicale. Un'opportunità preziosa per le donne, cresciute nella convinzione che le brave ragazze fanno sempre contento il loro papà, fanno tutto bene e non chiedono mai.

Nel rapporto col capo/padre questi tre precetti hanno spesso indebolito le donne, condannandole a quel perfezionismo e a quella scarsa assertività che spesso le escludono dalle posizioni di leadership (quante volte si sentono dire che sul lavoro "non chiedono" o "non si fanno valere", oppure che sono "poco efficaci perché troppo perfezioniste"?).
Ma grazie alla maternità, questa debolezza può ricevere due colpi mortali. Per prima cosa, la donna che diventa madre smette automaticamente di essere figlia (questo accade anche nei confronti del proprio capo al lavoro); in secondo luogo scopre di essere potente, dal momento che ha generato la vita, e per questo motivo ha decisamente meno soggezione dell'autorità.
Ecco come lo raccontano alcune lettrici de La 27 Ora.

### Sul rapporto col potere

> Mi sento più rilassata di fronte al potere, lo temo di meno, e faccio meno fatica a sentirmi alla pari. Penso sia perché sono madre, oggi, prima che figlia: l'autorità non è più lì a "insegnarmi" quel che devo fare, ma è diventata un'alleata nella gestione delle responsabilità individuali e sociali.

> Sono più paziente e meno polemica, a volte *perdono* il mio capo perché si comporta "da bambino".

> Vado molto più dritta al punto. Sono molto più concreta e ho meno timori reverenziali.

## Sul perfezionismo

Sono più assertiva, pragmatica e decisionista. Se prima passavo ore a imbellire una presentazione, ora negozio col mio capo in anticipo i *must have* senza perdere tempo per orpelli vari.

La maternità mi ha resa molto più rilassata... sono attenta e creativa ma meno stressata, quindi mi diverto di più; mi pare si abbia nei miei confronti un maggiore rispetto e considerazione, ma magari deriva dalla mia diversa prospettiva.

In generale sono più concentrata sui risultati e meno sulla presenza fine a se stessa in azienda. Anche se alcuni capi in azienda continuano a richiederla, mi sento più libera e forte nel negoziarla.

## Sull'autostima

È aumentata la mia autostima. Nei momenti in cui normalmente mi sentivo non all'altezza, ho cominciato a pensare che, se ho affrontato un parto e il ruolo di genitore, il resto sarà una passeggiata.

Diventare mamma ha accresciuto il mio senso di responsabilità e orientamento al risultato, impattando anche su potere e autorità. In particolar modo mi ha fatto sentire più potente e meno assoggettata a certi comportamenti. D'altronde, se ho fatto un figlio e l'ho partorito, pensa a quante cose posso fare!

Esigo di essere rispettata, come se dovessi essere una persona migliore agli occhi di mio figlio.

Spogliato di ogni timore reverenziale, di ogni sacralità, il potere per una madre si traduce soprattutto in responsabilità.

E chi vuole avere il potere, per avere diritto alla responsabilità di influire su un mondo che sarà abitato dai suoi figli, deve dimostrare di meritarlo. Un bel cambio di prospettiva.

Per una donna, una volta diventata madre, il mondo è infatti molto cambiato: non ha più l'orizzonte ristretto della sua vita, ma il respiro della generatività, in cui "la consapevolezza di prendere ossìgeno da un territorio e dalla sua storia [...] spinge a porsi in un'ottica di reciprocità e restituzione, in un orizzonte intergenerazionale, che include chi è venuto prima e chi verrà dopo".[20]

Quindi il mondo è più grande, sia in termini spaziali che temporali: si riempie di inaspettato, perché adesso lo sguardo arriva fin dove la madre non ha il controllo, e paradossalmente questo la rende più potente, perché è al centro di un patto tra generazioni.

> *Prima non mi importava niente, oggi vorrei essere al vertice del potere per poter cambiare le cose.*[21]

La madre porta così un ego più realista, meno "in controllo", in un mondo incredibilmente più vasto e stimolante: il mondo che vuole contribuire a cambiare per i propri figli. Un mondo in cui, generando, si è messa in una situazione di reciprocità con tutti gli altri e ha abbracciato la responsabilità della restituzione.

Si è interconnessa, insomma, accettando di legare la sua vita a una serie di circostanze che non può controllare, ma al tempo stesso mettendosi nella posizione di voler avere il maggiore impatto possibile perché i suoi piccoli, anche grazie alla loro mamma, si ritrovino con un punto di partenza migliore del suo.

**Li cresce perché siano più forti di lei, e agisce nel loro mondo perché diventi migliore del suo.**

**maam al lavoro**

## SAPER GENERARE

Generare e prendersi cura sono azioni che rimandano immediatamente al mondo femminile. Un mondo nel quale viviamo tutti, uomini e donne. Un mondo legato alla casa. Agli anziani, ai bambini. Alle piccole e grandi cose della quotidianità. Al cibo. Una tavola apparecchiata, così come una conversazione o una composizione di fiori, un giardino, possono essere oggetto di attenzioni e di cure. Di crescita e di generazione del nuovo. Prendersi cura delle emozioni di un figlio, di una persona anziana, di un immigrato. Quando lo facciamo entriamo in un tempo diverso, quasi immobile.

È come se il tempo si fermasse, come se fossimo finalmente capaci di rallentare. Una dimensione in cui il tempo è dato dall'ascolto dell'altro, e dalla nostra presenza nel "qui e ora".

È in quel momento che "**generiamo**", che superiamo l'aspettativa di un ritorno immediato. È in quel momento che - al vertice della piramide di maam - ci realizziamo, andando oltre noi stessi.

**La nostra piena fioritura, l'autorealizzazione della piramide di Maslow, la punta della piramide, si conquista quando abbiamo la possibilità di esprimere e usare le nostre capacità per far crescere altri.**
Si definisce generativa "la personalità capace di dare risposte originali agli eventi (positivi e negativi) nei quali si imbatte... Sentendosi chiamata a dare il proprio apporto alla realtà che la circonda, la personalità generativa contribuisce a renderla più bella e accogliente. Capace di mettere in gioco la propria libertà al di là di se stessa, essa diventa capace di "generare".[22]
Generare non significa solo "fare figli". Siamo tutti generativi: l'artigiano, l'artista, il volontario, l'impiegato, il giardiniere, l'operaio, l'imprenditore. La generatività è data dalla cura, dalla vicinanza, dall'affinità tra soggetti

e progetti. È quell'attenzione speciale e focalizzata che si riserva a chi e a cosa decidiamo di ascoltare, di promuovere e di amare. È il desiderio di dare vita, di far uscire nel mondo qualcosa che ci trascenda. Frutto di attenzioni e gesti, cure e sguardi energetici e calorosi, la cura, secondo l'etimologia latina, forse fantasiosa, ma antica e illuminante, ha la sua radice (e la sua essenza) in *"cor urat"*, ciò che "scalda il cuore".

La cura potrebbe sembrare una metafora molto distante dalla vita organizzativa. Dalle organizzazioni, dalle comunità orientate al prodotto, al servizio, al profitto.

Eppure oggi c'è un disperato bisogno di allenare anche nel pubblico, nel mercato, nella vita aziendale e sociale, competenze un tempo relegate al privato, con una matrice più di tipo femminile.

- **Avere uno sguardo di fiducia, uno sguardo autentico**, quell'espressione che comunica *"so che ce la fai, sei importante, hai valore, sei pieno di talenti"*. Uno sguardo che dà potenza, che rinforza e sostiene tutto il "bello" che c'è in noi. È una accoglienza generosa dell'"altro da sé"; in ogni essere umano c'è il desiderio di veder realizzata e valorizzata la propria diversità, ciò che lo rende e lo fa sentire unico e originale. Lo sguardo di fiducia è uno sguardo aperto, lo sguardo di chi vuole ricevere, farsi attraversare dagli altri e dalle situazioni per meravigliarsi e scoprire qualcosa che non è stato ancora pensato, né previsto. **Dare fiducia è affidarsi al "genio" altrui**. Consapevoli che quel genio è già lì.

- **Sapere lasciar andare**. Siamo abituati a governare tutto e tutti, a controllare, a convincere, a conquistare oggetti e cuori. Ma prendersi cura è uscire dai deliri di onnipotenza, è indebolire la volontà e i muscoli, che premono per modificare le cose. In un mondo che va "depiramidalizzato" non c'è più un centro stabile da cui poter intervenire. Il centro è dappertutto, le intelligenze sono disseminate ovunque. Lasciar andare, osservare i movimenti sulla scena, restandone ai margini. Mollare la presa su "io guardo", "io sono il centro del mondo" e provare a sentirsi "osservati" sono pratiche di *less ego*. Non perdere mai il controllo e sentirsi sempre motore delle cose non consente all'altro di venire fuori, di farsi spazio, di creare una sua forma di indipendenza, abilitazione, scoperta. Il lasciar andare è un movimento apparentemente passivo, femminile, di ricezione più che di dominio. È saper attendere, saper accogliere. **Una passività attiva e proficua, che ha bisogno di un'apertura del cuore, di un'intenzione forte al di là del dominio.** È mettersi al servizio delle situazioni e delle persone, affinché possano svelarci tutto il loro potenziale.

- **Avere un atteggiamento paziente.** Il nostro tempo caratterizzato dalla velocità, dalla fretta, dalla performance, sembra essere un tempo completamente inospitale per la pazienza. Senza pazienza, tuttavia, non ci può essere generatività. La natura dà i suoi frutti, le civiltà si sviluppano, le grandi opere dell'ingegno prendono forma, i bambini crescono attraverso costanti e disciplinate pratiche di pazienza. Pazienza è saper aspettare il tempo giusto, quello più opportuno. **Senza la pazienza non c'è cura. Non ci può essere comunità, solidarietà, amore. Non può svilupparsi abbondanza di relazioni e di profitto.**

- **Ricordarsi degli effetti di ciò che si dice, di ciò che si fa.** E non solo sulle prossime generazioni o sul pianeta. Ma cominciando dal piccolo. Dagli umori delle persone, dalle loro emozioni. Provare a lasciare dietro di sé sempre una scia che sa di buono, di pace, di chiarezza e gentile amorevolezza. Una competenza che sembra "new age", se osservata da una gabbia, ma che si rivela trasformatrice se praticata senza pregiudizi o schemi. Dove viene più naturale, dove sembra più utile.

## Note

1. Erik H. Erikson, *I cicli della vita*, Armando Editore, Roma 1999.
2. M. Magatti, C. Giaccardi, *Generativi di tutto il mondo, unitevi!*, Feltrinelli, Milano 2014.
3. Shelley E. Taylor, *The Tending Instinct: How Nurturing Is Essential to Who We Are and How We Live*, cit.
4. Anne Herbert, *Handy Tips on How to Behave at the Death of the World*, «Whole Earth Review», 1995.
5. M. Magatti, C. Giaccardi, *Generativi di tutto il mondo, unitevi!*, cit.
6. Intervista compiuta nell'ambito della ricerca maam (luglio-ottobre 2013).
7. Moe Grzelakowski, *Mother Leads Best*, cit.
8. Intervista compiuta nell'ambito della ricerca maam (luglio-ottobre 2013).
9. Julie Suhr, neuropsicologa citata in Katherine Ellison, *Il cervello delle mamme*, cit.
10. Luisa Pogliana, *Le donne il management la differenza. Un altro modo di governare le aziende*, cit.
11. Dal sondaggio maam (giugno 2014).
12. Ann Crittenden, *If You've Raised Kids, You Can Manage Anything*, cit.
13. Dal sondaggio maam (giugno 2014).
14. Intervista compiuta nell'ambito della ricerca maam (luglio-ottobre 2013).
15. *Ibidem*.
16. *Ibidem*.
17. Dal sondaggio maam (giugno 2014).
18. Moe Grzelakowski, *Mother Leads Best*, cit.
19. Luisa Pogliana, *Le donne il management la differenza. Un altro modo di governare le aziende*, cit.
20. M. Magatti, C. Giaccardi, *Generativi di tutto il mondo, unitevi!*, cit.
21. Dal sondaggio maam (giugno 2014).
22. M. Magatti, C. Giaccardi, *Generativi di tutto il mondo, unitevi!*, cit.

CAPITOLO 6
# L'uomo nuovo già esiste: liberiamolo!

*Dove si scopre che tutto quello che funziona per le donne funziona anche per gli uomini*

## Le prigioni dei maschi

Uno studio pubblicato nel 2013 dal «Journal of Social Issues» definisce "stigma della flessibilità" il pregiudizio che riguarda gli uomini, e in misura inferiore anche le donne, che si avvantaggiano di congedi di paternità o di orari flessibili sul lavoro.

Ecco cosa viene messo in evidenza dall'indagine Istat[1] sugli stereotipi e sulle discriminazioni fra uomini e donne:

- il 77,5% degli italiani non ritiene giusto che sia l'uomo a dover prendere le decisioni più importanti che riguardano la vita familiare;
- la metà degli intervistati è però d'accordo sul fatto che gli uomini siano meno adatti a occuparsi delle faccende domestiche;
- il 55% dei maschi continua a pensare che spetti all'uomo mantenere la famiglia. E la pensa allo stesso modo il 45% delle donne.

Ma quali sono gli ostacoli dei nuovi padri? Quanto di quel che non succede dipende dalla volontà (o dall'assenza di volontà) dei padri, e quanto invece è una convenzione sociale così radicata da bloccare l'evoluzione del ruolo paterno? A giudicare dal numero di libri che i padri cominciano a scrivere oltreoceano, seguiti timidamente da alcuni blog e autori italiani, la massa critica che causerà il cambiamento è già in movimento. Ma trova molti ostacoli, innanzitutto sul lavoro:

- i padri oggi scelgono di non prendere il congedo di maternità, credendo che vi sia uno stigma sociale per gli uomini che scelgono di lavorare part time. Il 40% degli uomini ha rinunciato al diritto di prendere del tempo libero per stare con i bambini, e ha scelto invece di stare in ufficio;[2]
- i manager concedono più facilmente orari flessibili a uomini che lo chiedono per attività che si pensa che miglioreranno la loro carriera, per esempio per fare corsi di formazione in proprio.[3]

Resiste quindi il modello che un classico del 1959, *The Organization Man*, definì la "carriera a due persone", perché presupponeva che dietro ogni manager di successo giocasse un ruolo vitale e complementare una moglie casalinga.

Più di recente, in *Lavoro e famiglia, alleati o nemici?*, Stewart D. Friedman sostiene che il *modello duale* liberi nell'uomo soprattutto l'energia mentale di non dover pensare ad altro che al lavoro.

Al punto da domandarsi se quello della "conciliazione" sia un problema che riguarda veramente solo la disponibilità di tempo o non sia invece un tema di conflitto psicologico: lo stereotipo che Levine e Pittinsky definiscono "lo stress del papà".

**Ma il nuovo ruolo dei padri sembra spesso essere ostacolato (paradossalmente!) anche a casa**. È il meccanismo che Paul Raeburn definisce "maternal gatekeeping" (barriera materna),[4] e che spinge molte madri a tenere gli uomini lontano dalle attività di casa e di cura dei bambini.

A questo proposito, Sarah J. Schoppe-Sullivan dell'Università dell'Ohio e i suoi colleghi hanno chiesto a novantasette coppie di raccontare la loro idea di cura dei figli e hanno poi osservato come si comportavano nella realtà, rivelando che le madri possono in effetti ostacolare il coinvolgimento dei padri, ma sono anche molto brave nell'incoraggiarlo: "Le madri possono chiudere il cancello, ma possono anche aprirlo, e gli effetti dell'incoraggiamento sono più forti di quelli delle critiche".

> IL CERVELLO DI UN NEOPAPÀ CHE PRATICA LA PATERNITÀ DIVENTA SIMILE A QUELLO DI UNA NEOMAMMA
>
> Le ricerche sul cervello di un padre "praticante" sono ancora più recenti di quelle che si sono occupate delle madri. Non stupisce sapere che le attività di cura provocano nei padri reazioni neurochimiche simili a quelle materne, in particolare attivano la produzione di ossitocina (che nelle madri viene stimolata dal contatto affettuoso, mentre nei padri è attivata dal gioco). E non sorprende neppure sapere che la pratica della cura dei figli abbassi il livello di testosterone negli uomini, e di conseguenza la loro aggressività. Ma il dato più interessante su come stia evolvendo la paternità è emerso da una ricerca congiunta di più università, pubblicata nel febbraio 2014 dall'Accademia Nazionale delle Scienze degli Stati Uniti.
> Gli scienziati hanno infatti scoperto che, se nella madre esiste una struttura filogeneticamente antica di gestione emozionale, che rileva velocemente indizi di stress da parte del bambino e attiva reazioni immediate coinvolgendo l'amigdala, con i padri la faccenda è meno automatica, come se il sistema neurologico coinvolto fosse meno naturale e quindi più complesso.
> Lo studio ha coinvolto madri, padri "*caregivers* secondari" (CS) e pa-

dri omosessuali, quindi "*caregivers* primari" (CP) - in quanto esempi di padri in assenza di madri. Di fronte a stimoli di cura, anche il cervello paterno rivela la stessa plasticità di quello materno: si trasforma. Ma, mentre quello della madre coinvolge i circuiti subcorticali (quelli primordiali, fortemente istintivi), quello del padre CS coinvolge soprattutto i circuiti corticali socio-cognitivi (quelli meno istintivi), e nel padre CP si attivano entrambi.

Riassumendo, la cura dei padri è il frutto di un'evoluzione successiva a quella avvenuta nelle madri, e passa più per il ragionamento che per l'istinto, coinvolgendo strutture cognitive "avanzate" come il Solco Temporale Superiore (STS).

Se la connessione tra amigdala e Solco Temporale Superiore si rafforza, migliora la capacità di cogliere i segnali sociali, tanto che nelle persone con estese reti sociali si è notato che questa connessione è più forte e la loro capacità di instaurare e mantenere legami sociali è maggiore.

"I nostri studi suggeriscono che questa rete di percezione sociale, indicizzata attraverso la connettività tra amigdala e STS, potrebbe dare origine a una forma flessibile e generalizzata di accudimento che non dipende dalla gravidanza e dal parto ma dall'esperienza della cura. Questo accudimento umano, sia che provenga dalla genitorialità che da altre forme di intensa cura, potrebbe essere alla base dell'antica e diffusa pratica della cura allo-genitoriale (cura genitoriale prestata da non-genitori)."[5]

Ovviamente, con la crisi che incalza, la figura del *pater familias* in grado di provvedere a tutti i bisogni della famiglia è sottoposta a un forte stress emotivo e psicologico: il modello imperante di successo sociale maschile non è più sostenibile perché sono cambiati pesi ed equilibri sia nell'ambito professionale che privato.

Ed è anche grazie alle evidenze scientifiche che il concetto di mascolinità può oggi essere rivisitato, ridefinito. Una rivoluzione nei rapporti tra i generi che ha ricadute dirette anche nei confronti di chi è orientato sessualmente e affettivamente verso persone dello stesso sesso: se cambiano i modelli di uomo e di donna "idealtipici", la comunità LGBT viene a sua volta alleggerita da tanti stereotipi discriminanti e idee preconcette. Quando essere un maschio effeminato o una donna mascolina non sarà più guardato con scherno, tutti saremo più liberi, indipendentemente dal nostro orientamento sessuale o dalle nostre scelte religiose.

Libri e giornali parlano del declino del maschio, della fine del patriarcato; l'uomo "pesante", quello che si occupa di lavori "duri" e di "forza", è immaginato all'interno di un contesto lavorativo industriale. Il lavoro "leggero", basato sulle conoscenze e sulla rete di oggi, corrisponde a un modello di mascolinità che deve essere reinventato, ri-immaginato, svincolandosi dagli stereotipi del passato.

Uomini desiderosi di liberarsi dei parametri di valutazione della loro mascolinità per dare finalmente un senso alle loro vite al di là di una cultura patriarcale che li vede inchiodati ai modi di essere maschio concepiti e impostati da culture e generazioni precedenti.

Uomini disposti anche a provare un sano disorientamento e a perdere punti fermi piuttosto che condannarsi a stress, malattie fisiche e psichiche, a tutti i disagi e le difficoltà che derivano da relazioni non autentiche e originali con il riconoscimento di chi si è e si può essere, della propria identità.

Uomini, come scrive Marina Terragni,[6] che desiderano poter fare un passo indietro, non solo per far spazio alle donne, ma per poter finalmente essere quello che sentono di essere davvero.

Uomini come il papa della finzione di *Habemus Papam* di Nanni Moretti, che fugge dallo scranno e dalle sue responsabilità; uomini come Giorgio VI, costretto per diventare re a correggere la sua balbuzie, come ha raccontato il film *Il discorso del re*. Uomini che non vogliono dominare, che vogliono ascoltare le loro fragilità, che vogliono capire chi sono e cosa desiderano indipendentemente dalle aspettative della società e delle donne.

**Sono necessari nuovi esercizi di autenticità per disegnare i contorni del nuovo uomo.** Esercizi di confronto con la propria interiorità, suggerisce Duccio Demetrio nel suo saggio *L'interiorità maschile*, per confrontarsi con una sensibilità che contempla la tenerezza, la pazienza, la dolcezza, virtù più femminili che albergano dentro l'uomo, se accolte, coltivate, ascoltate.[7]

C'è bisogno di creatività e coraggio per aprire un po' di gabbie: anche gli uomini devono e vogliono riconquistare un'identità al di là dei percorsi obbligati, al di là di ciò che sembrava essere "giusto" per riconfermare il proprio genere, la propria mascolinità.

Sono necessari nuovi modelli maschili, utili per far fiorire un uomo nuovo.

Il vecchio modello di uomo si indebolisce giorno dopo giorno. In Italia tende ad ammalarsi di più (56% delle nuove diagnosi di tumore), a morire prima (79,4 anni di aspettativa di vita contro gli 84,5 delle donne), a bere di più (8 uomini su 10 consumano alcol contro 5 donne su 10) e a lavorare di meno (17,2% di crescita della disoccupazione contro il 6,1% delle donne).[8]

Le trasformazioni innescate dalle donne hanno cambiato la vita di molti maschi negli ultimi trent'anni. Si è creato un disagio maschile anche nelle giovani generazioni la cui virilità, secondo alcuni, sarebbe stata messa in discussione dalle nuove libertà femminili. Una lettura che non rende giustizia alle donne, e nemmeno agli uomini: la libertà femminile non è la "causa" della violenza maschile sulle donne, ma è quel che ci consente di scandalizzarci di fronte a essa. Fino a non molti anni fa la violenza maschile era, di fatto, socialmente accettata e depenalizzata grazie alle norme sul "delitto d'onore", abrogato solo nel 1981!

La libertà femminile, invece, è garanzia di libertà anche per gli uomini. Se ne accorgono gli uomini che portano avanti i *"men's studies"*, che si stanno sviluppando anche in Italia. Stefano Ciccone, fondatore della rete Maschile Plurale e autore di *Essere Maschi*, vede questo nuovo protagonismo delle donne come un'occasione per "liberare" gli uomini dagli stereotipi che – in modo latente – ne imprigionano le vite, la sessualità, l'esperienza di paternità.[9]

Non basta indagare la fragilità maschile, né è giusto attribuirne la responsabilità alle donne.

È necessario rendere visibile un uomo nuovo. Un uomo che non vuole più essere pre-definito dal genere.

**Un uomo che c'è già. Esiste.**

## La prossima emancipazione maschile

È ancora Obama il grande protagonista di «Wired» sui nuovi trend e stili di vita emergenti. Il 19 maggio 2013, allo storico Morehouse ad Atlanta, il college di Martin-Luther King frequentato esclusivamente da ragazzi di colore, ha detto: «Diventate un esempio di ciò che vuol dire essere uomini. Siate i migliori mariti per le vostre mogli, per i vostri fidanzati, per i vostri partner. Siate i migliori padri per i vostri figli».

**Trasformare il modo in cui "pensiamo" e diamo significato a cosa vuol dire essere uomini sarà cruciale nei prossimi anni**.

Come risolvere le disuguaglianze di genere se non offrendo anche agli uomini le stesse opportunità di essere contemporaneamente impegnati – come le donne – nel lavoro in ufficio e in quello della cura dei familiari?

Non si potranno più discriminare o considerare "poco motivati sul lavoro" quegli uomini che decideranno di essere al centro della vita familiare, di assumersi in prima persona, al pari della compagna, la cura dei bambini, la gestione della casa.

Uomini che vorranno posticipare o rinunciare a una promozione o a un salto di carriera per stare con i propri figli, genitori o con chiunque richieda una particolare forma di presenza, di cura e di attenzione.

Se ne sono accorti anche il «Financial Times» e il «Wall Street Journal», entrambi con articoli sulla nuova paternità usciti il 14 giugno 2014. Due sono gli eventi degni di considerazione non solo sociologica, ma anche economica.

### 1. Aumentano i padri che stanno a casa per prendersi cura dei figli.

Il Pew Research Center stima che nel 2012 i padri statunitensi a casa dal lavoro siano stati circa il 16%, per un totale di circa due milioni di persone, un numero quasi raddoppiato dal 1989. E la causa non è, come si potrebbe pensare, la crisi economica: dal 1989 al 2012 il numero degli uomini che dichiarano di essere a casa "per occuparsi dei figli" è salito dal 5% al 21%.

### 2. I padri iniziano a scrivere di paternità.[10]

Paul Reaborn raccoglie in un testo divulgativo tutti i dati scientifici recenti sull'importanza della paternità: essere padri riduce i tassi di criminalità e di depressione, promuove l'equità e, in breve, contribuisce a creare un futuro migliore per tutti.

**Chiedere dunque a testa alta congedi di paternità, part time, orari di lavoro flessibili, rigettare di essere "workaholic" sarà finalmente "normale"?**

I segni dell'ascesa di questo nuovo movimento, che vuole anche gli uomini parte attiva per uscire dai confini del proprio genere, sono ormai argomento di blog, ricerche di mercato, evidenze sociologiche almeno in quella parte di mondo dove le donne sono sempre più presenti in tutte le posizioni e professioni.

La *gender equality* non è più solo una questione femminile, ma finalmente riguarda entrambi i sessi. Gli studi sugli uomini sono a uno stadio pionieristico, e disegnano scenari ancora controversi, tutti da scoprire.

*Padri pionieri: dietro ogni grande donna c'è un grande uomo* è il titolo di uno studio condotto da Jump[11] in collaborazione con Bain & Company (marzo 2014).

Dalle interviste a 76 padri,[12] provenienti da 16 Paesi europei, che hanno deciso, per supportare la carriera delle compagne, di stare a casa con i figli a tempo pieno o parziale, emergono dati interessanti che potrebbero in poco tempo smontare molti stereotipi sui ruoli dell'uomo e della donna nella nostra società.

Sono uomini "pionieri" che hanno fatto una scelta consapevole: uscire dal mondo del lavoro per supportare la carriera e il potenziale delle proprie compagne e passare più tempo con la famiglia. Sembrano essere piuttosto soddisfatti e consapevoli dei benefici della propria scelta (60% completamente soddisfatti, 24% dipende dai giorni) per i figli e per la famiglia.

> Per me questo modo di vivere è molto naturale... è un modo di evolvere e progredire della nostra società... non voglio essere il padre che non è mai presente... il padre che non c'è.

Dichiarano però di avere delle difficoltà economiche (se entra in casa un solo stipendio) o di fare fatica ad accettare una dipendenza finanziaria dal partner. Vorrebbero ricevere più supporti dalla famiglia di origine, da amici maschi, dai colleghi di lavoro. Raramente esprimono l'orgoglio di essere dei papà pionieri di un nuovo modo di essere e di fare famiglia. Sia loro che le loro compagne vorrebbero essere riconosciuti per la loro scelta dagli amici, dalle famiglie, dalle aziende, chiedendo a queste ultime di promuovere non solo orari flessibili senza penalizzare la carriera dell'uomo, ma anche il ruolo del padre come figura primaria di accudimento, "*primary caregiver*". Vorrebbero quindi diventare visibili, nella società e sul lavoro. Vorrebbero uscire allo scoperto, uscire dallo stereotipo.

Il 97% delle madri intervistate dichiara che un uomo "*primary caregiver*" che si occupa della cura della casa e della famiglia può certamente essere sempre attraente e maschio (o mascolino).

## I nuovi papà e i loro nuovi figli

Fino a pochi anni fa il modello maschile prevalente era quello del padre che si riempie di straordinari in ufficio (spesso non richiesti né retribuiti) pur di rimanere fuori casa, pur di non praticare la "domesticità", pur di non sentirsi a disagio di fronte ad alfabeti verbali ed emotivi tipici delle relazioni "madre-figli", fatti di "cosa si sente" e di esperienze soggettive. Un voler rimanere al di fuori di linguaggi e di pratiche di "vicinanza", a cui si diventava progressivamente estranei. I muscoli relazionali ed emotivi rischiavano di atrofizzarsi.

L'emancipazione femminile e l'entrata massiccia delle donne sul lavoro hanno messo in crisi il ruolo del maschio. La sua predominanza e il suo governo del mondo.

**È subentrata una confusione di ruoli?**
**Ma cosa vuol dire essere uomo?**
**Ed essere padre?**
**Davvero siamo di fronte a una crisi dell'autorità, alla perdita del ruolo paterno?**

Al concetto di autorità abbiamo associato per troppi secoli quello formale del potere; ma se andiamo alle radici della parola (da *àuctus*, participio passato di *augeo*, accresco, faccio pro-

sperare), **autorità è innanzitutto capacità di far crescere**. È la responsabilità tipica della relazione maestro-allievo, genitore-figlio, una relazione che veicola la trasmissione di contenuti, comportamenti, sapienza, consentendo alla persona di crescere e di rinnovarsi per far crescere e rinnovare gli altri.[13]
Come?
Ecco alcuni strumenti pratici:

- **smontare gabbie e stereotipi**: prestare attenzione e accorgersi quando si ha a che fare con gli stereotipi di genere e con le gabbie dei condizionamenti sociali, e reagire in modo da prendere decisioni davvero libere;
- **imparare a disimparare**: non legarsi alle esperienze pregresse, non percorrere la strada già battuta, non rispondere a problemi diversi seguendo sempre lo stesso schema o procedura; per rinnovarsi è necessario disimparare ciò che sappiamo e scoprire ciò che ancora ci stupisce;
- **ascoltare**: è la capacità di apprendere ciò che non si sa, di conoscere ciò che non si è, di sentire ciò che non si vede, di essere ciò che non si pensa di poter essere, per sé e per gli altri;
- **allenarsi a cambiare punto di vista**: l'ascolto è una grande pratica di allenamento a cambiare punto di vista, da integrarsi con la negoziazione; non c'è infatti trattativa che possa andare a buon fine senza la capacità di assumere il punto di vista dell'altro; le prime negoziazioni davvero formative sono quelle che avvengono in famiglia, tra genitori e figli;
- **lasciarsi ispirare**: i figli, i più giovani, così come ogni persona che ha un punto di vista diverso dal nostro, sono occasioni per raccogliere nuove idee, nuove visioni e nuove prospettive che arricchiscono la nostra esperienza, la nostra capacità di capire, di progettare e di innovare.

## Due milioni di anni fa i padri erano più presenti di oggi?

Chi passeggia di domenica mattina li vede ai giardinetti: allegri, divertiti, giocherelloni. Sono i papà part time che, in grande numero, rivestono il loro ruolo di "*caregiver*" a tempo.

Immaginiamo che le mamme siano a casa, speriamo a dormire, e osserviamo come i loro compagni si applicano con passione a questa sostituzione temporanea: dolcemente dedicati a bambini e bambine piccolissimi, che col papà hanno molte meno regole da rispettare, e quindi si lasciano andare molto di più. È, per entrambi, un abbandono reciproco a ruoli diversi dal solito: un papà da "educare" a fare il papà, un figlio da scoprire e curare. Una volta a settimana.

Nel 2011, l'antropologa dell'Università del Colorado Sandi Copeland e i suoi colleghi hanno pubblicato una ricerca sulla rivista «Nature» che suggeriva che i maschi ominidi tendessero a essere casalinghi, "*stay-at-home types*", già due milioni di anni fa. Le conclusioni dei ricercatori, basate sull'analisi di denti fossili trovati in alcune cave in Sud Africa, avanzavano l'idea che il comportamento collaborativo tra i maschi fosse uno dei marchi della società ominide.

**Scopriamo con stupore che i papà ominidi della preistoria battevano tutti gli altri mammiferi nella cura dei loro figli.**

Il fenomeno si è intensificato 500.000 anni fa, forse per insegnare ai piccoli la caccia (infatti succedeva più di frequente con figli maschi) o per proteggerli: fatto sta che il concetto del "legame di coppia maschio-femmina", il "*male-female pair bonding*",[14] è nato allora, per indebolirsi di recente, quando abbiamo localizzato il lavoro in un "altrove" rispetto alla casa.

Con questa dis-locazione (due luoghi diversi per due scopi distinti: un ufficio/una fabbrica per lavorare, una casa per "avere cura" e vivere in famiglia), abbiamo dato avvio a due gabbie culturali, una delle quali è nota e molto discussa, quella delle "madri che restano a casa", mentre la seconda resta sullo sfondo, stereotipo invisibile e pericoloso: quella del padre che "porta a casa la pagnotta", il *breadwinner*.

Intorno a quest'ultimo è stato costruito un modello del lavoro che, senza la presenza di una persona nel luogo della cura, non sta in piedi.

Quindi le due gabbie sono interdipendenti nel senso peggiore del termine: impossibile aprirne una senza aver aperto anche l'altra.

Abbiamo visto che cosa possiamo far succedere se apriamo la gabbia "madri che restano a casa". La mamma che, oltre che a casa, sta al lavoro, si porta dietro un bagaglio di competenze e risorse preziose, che le aziende cercano inutilmente altrove in molti modi.

La buona notizia è che per lo stesso motivo e con lo stesso metodo possiamo e dobbiamo aprire la gabbia dei papà.

---

UNA STORIA E 10 DRITTE PER PADRI FEMMINISTI

*Che cos'è e com'è nata "feminist fatherhood", la paternità femminista (Tulsa, Oklahoma)*

"Un padre femminista è un padre che cerca di superare il contesto sociopolitico di genere con il nobile scopo di crescere un essere umano pienamente realizzato."

Così Tyler Osterhaus definisce il padre femminista, quello che secondo lui tutti gli uomini dovrebbero essere.
Tyler si definisce "artista, padre, educatore anti-violenza", lavora con comunità e famiglie per incoraggiare e supportare ragazzi e

uomini a diventare alleati nel porre fine alla violenza di genere. Sul sito che ha fondato, www.feministfatherhood.com, racconta la sua storia: ha abbandonato la sua attività di musicista notturno in una band rock'n'roll per lavorare come educatore per i disabili; ha preso la laurea in Human Services lavorando a tempo pieno come difensore dei disabili; quando è diventato padre ha lasciato il lavoro per un breve periodo, diventando anche lui uno "*stay-at-home dad*"; riprendendo il lavoro presso un dipartimento di prevenzione per il benessere infantile, ha iniziato a lavorare alla prevenzione della violenza sulle donne mettendo a frutto la propria esperienza di padre.

Da questo percorso sono nati i *Ten tips for feminist fathers*, le dieci "dritte" per padri femministi:

- cerca di capire come le questioni di genere ti condizionino personalmente e come tu sia stato influenzato nel vivere il tuo genere;
- diventa consapevole di come il privilegio maschile e il patriarcato condizionino il tuo ruolo di partner e di padre;
- lotta per mantenere una relazione sana e co-genitoriale con la madre di tuo figlio. Condividi il potere con la madre di tuo figlio e con tutte le donne;
- sia le madri sia i padri assumono prospettive uniche, ma ugualmente importanti per il processo genitoriale. Un genitore completo provvede e protegge, nutre e cura;
- permetti ai tuoi figli di esplorare lo spettro completo dell'espressione di genere. Tratta equamente figli e figlie: non fare il genitore che ha due metri e due misure;
- insegna ai tuoi figli a comprendere il linguaggio dei media e a metterlo in discussione, praticando l'arte del *culture jamming*, ossia il "sabotaggio culturale";

- rendi più forti i tuoi figli facendone dei giovani attivisti. Coinvolgili presto e spesso. Connettili alla comunità;
- parla ai tuoi figli del punto d'incontro tra i diversi modi di essere una minoranza: di genere, di razza, di classe, di orientamento sessuale, di età eccetera;
- sfida con dolcezza altri uomini su comportamenti e idee sessiste;
- sii coerente. Dai un buon esempio di uomo. Prenditi cura di te. Annusa le rose. Telefona a tua madre.

Il vecchio paradigma va progressivamente sgretolandosi. Nuove commistioni e contaminazioni stanno trasformando le relazioni e, di conseguenza, la società. «The Guardian» a giugno 2014 intitola così un suo pezzo: *Avere un bambino semplificherà la tua vita*. E nell'articolo si legge: "Vuoi essere più efficiente, motivato e assertivo? Non preoccuparti di trovare un life coach: fai un figlio".

Gli uomini non sono più estranei al mondo della cura e dell'accudimento primario all'interno del gruppo familiare.

Secondo la ricerca previsionale Gender Diversity 2020, realizzata da Bosch TEC, Carter & Benson e S3.Studium, ideata da Domenico De Masi e diretta da Stefano Palumbo, in Italia **"la revisione dei valori porterà gli uomini all'accettazione della complementarità dei ruoli familiari"**.

Si prevede che saranno sempre di più gli uomini ad assumersi responsabilità nella gestione di figli e anziani, ed è dunque sicuro che aumenteranno le competenze dei padri nella gestione dei figli. E se i padri fanno i padri e sono presenti e attivi nell'esercizio della paternità, i bambini sono più felici: proprio da qui deve partire la battaglia per demolire alcuni perniciosi stereotipi.

Cominciano oggi a essere dimostrati gli effetti sui figli di genitori che hanno deciso in modo più o meno consapevole di uscire dallo stereotipo di genere. Madri che non vogliono più stare dentro le gabbie che hanno condizionato la propria infanzia, padri che stirano, cucinano, riordinano, vanno a prendere i figli a scuola.

I ricercatori della University of British Columbia hanno scoperto che i papà che si occupano delle incombenze cosiddette domestiche crescono figlie più ambiziose, che sognano un futuro professionale da avvocato, da manager o da medico e non da infermiera, bibliotecaria o casalinga.

Cosa accade nella testa di una bambina che è presente ad alcune riunioni di lavoro o comunque nell'ufficio della mamma? Che tipo di immaginario e quale potenziale possono aprirsi in un bambino coinvolto nei mestieri di casa o nel supporto alle attività di cura di una sorellina o di un anziano? Cosa può accadere nella testa di un uomo che si prende cura degli altri per lavoro e che diventa padre?

È ormai in circolo un movimento a volte visibile, ma in gran parte sotterraneo, per uscire dalle prigioni del maschile. L'organizzazione del mondo concepita e attuata dagli uomini va stretta non solo alle donne, ma anche a molti nuovi uomini.

È ora di rompere le gabbie di tutti quei modelli di forza e disuguaglianza imposti dalla storia e dalle tradizioni.

**È ora di promuovere una leadership generativa, da parte di uomini e donne.**

**Insieme.**

## Note

1. "Stereotipi, rinunce e discriminazioni di genere", dati Istat 2011 (pubblicati il 9 dicembre 2013).
2. theguardian.com, 7 gennaio 2013.
3. V. L. Brescoll, J. Glass, A. Sedlovskaya, *Ask and Ye Shall Receive? The Dynamics of Employer-Provided Flexible Work Options and the Need for Public Policy*, «The Journal of Social Issues», giugno 2013.
4. Paul Raeburn, *Do Fathers Matter? What Science Is Telling Us About the Parent We've Overlooked*, «Scientific American», Straus and Giroux, 2014.
5. E. Abraham, T. Hendler, I. Shapira-Lichter, Y. Kanat-Maymon, O. Zagoory-Sharon, R. Feldman, *Father's Brain Is Sensitive to Childcare Experiences*, in Proceedings of the National Academy of Sciences of the United States of America, febbraio 2014.
6. Marina Terragni, *Un gioco da ragazze*, cit.
7. Duccio Demetrio, *L'interiorità maschile. Le solitudini degli uomini*, Raffaello Cortina Editore, Milano 2010.
8. "Tavole di mortalità della popolazione residente. Uso e abuso di alcol in Italia – occupati e disoccupati", statistiche report Istat anni 2011-2013. Per i numeri del cancro in Italia: anno 2012 – fonte Aiom-Airtum.
9. Stefano Ciccone, *Essere maschi. Tra potere e libertà*, Rosenberg & Sellier, Torino 2009.
10. I testi cui l'articolo fa riferimento sono: Paul Raeburn, *Do Fathers Matter? What Science Is Telling Us About the Parent We've Overlooked*, cit.; Brian Gresko, *When I First Held You: 22 Critically Acclaimed Writers Talk About the Triumphs, Challenges, and Transformative Experience of Fatherhood*, Berkley Trade, 2014; Diogo Mainardi, *La caduta. I ricordi di un padre in 424 passi*, Einaudi, Torino 2013.
11. Un'associazione europea di supporto alle donne e alle organizzazioni per il raggiungimento delle aspirazioni professionali e nella promozione di una "gender diversity".
12. Nel panel anche 163 madri.
13. Luisa Muraro, *Autorità*, Rosenberg & Sellier, Torino 2013.
14. P. B. Gray, K. G. Anderson, *Fatherhood: Evolution and Human Paternal Behavior*, Harvard University Press 2012.

CONCLUSIONI
# Riccarda, la maternità, Andrea, il master.
# O viceversa?

**Per me diventare madre è stato a tutti gli effetti un master.** Sono stata assente per un po' di mesi dal lavoro, come si fa quando si partecipa a un master, e sono rientrata in ufficio con in più un pezzo di me che mi era sempre mancato: sicurezza, solidità; non avevo più bisogno di dimostrare niente a nessuno, di sentirmi "grande".

Da allora mi sono convinta che le esperienze importanti e quotidiane della vita servono tutte a sviluppare competenze e a rafforzarci. E che oggi più che mai le relazioni con gli altri, la cura verso gli altri, ci permettono di allenare competenze utilissime sul lavoro.

I vantaggi, poi, viaggiano in entrambe le direzioni.

Da quando lavoriamo a maam, ho cominciato ad allenarmi a usare a casa gli atteggiamenti e le capacità che mi permettono di essere efficace sul lavoro.

Premetto che io non ho un talento naturale come mamma, e non mi sono mai considerata particolarmente brava. Be', essere più "ferma" a casa, più sicura, ma anche più attenta e focalizzata – cose che normalmente sono sul lavoro – ha avuto un effetto straordinario sulla mia "leadership materna", e qui intendo proprio la mia efficacia come mamma.

**Ma questa opportunità non è riservata alle madri – né essere madre la produce in automatico!**
Chiunque sappia ascoltare, mettersi in relazione, avere cura di qualcun altro, se mette a fuoco queste capacità e le porta sul lavoro si scoprirà più bravo di quanto pensava. Troverà un nuovo modo di essere leader, di far crescere gli altri.

Infatti un altro modo di definire la leadership materna è "generativa". Chi ha una leadership generativa vuole lasciare qualcosa nel mondo (non solo figli: possono essere idee, progetti, imprese…), qualcosa che gli sopravviva.

**Abbattere la barriera artificiale tra chi si è in ufficio e chi nella vita privata autorizza a essere se stessi** in un modo molto più potente, meno faticoso e capace di idee sorprendenti. E questo vale per tutti: uomini e donne, genitori e non.

Ecco perché maam racconta e lavora per un mondo in cui ci sentiamo autorizzati a essere come siamo, "fuori dalla scatola". In cui non c'è discriminazione – né positiva né negativa – nell'avere o non avere figli, nell'essere uomini o donne.

**La diversità non deve diventare un nuovo modo di essere tutti uguali.** Se capiamo e accettiamo che il valore delle esperienze diverse è nella loro capacità di portare nuove prospettive, nuove soluzioni a vecchi problemi – come può succedere adottando uno sguardo materno sul lavoro – allora andremo a cercare la diversità (di ciascuno!) per l'immensa ricchezza che porta.

**Io ho sentito che la nostra tesi rispondeva a un mio disagio profondo di uomo** che lavora con le aziende e che è stufo di un modello unico di pensiero.

Ho sentito valorizzato tutto il femminile degli uomini, quindi anche il mio; maam è un modo per dire che esistono "i diversi": esiste qualcosa di totalmente diverso, lontano da come il mondo del lavoro è stato organizzato. Il nostro progetto ci dice che proprio questo potrebbe essere un nuovo modello di governo delle organizzazioni.

# Conclusioni

Non ci ho visto un diventare più bravi e più buoni essendo mamme, ma il far quadrare una serie di bisogni forti. Ho visto la fine dell'aggressività, la fine della competizione: portare un modello materno. La cura vuol dire la fine del "tu puoi, tu non puoi": tutti possono.

Così ho avuto la conferma dell'importanza della cura, della presenza, dell'attenzione verso l'altro costi quel che costi. E ho ritrovato nella grammatica della leadership materna la grammatica della mindfulness.

Con la mindfulness le palestre di leadership ce le dobbiamo costruire (tappetino, gambe incrociate, meditare): ma se io ho un bambino, o qualcuno che ha bisogno di me, la palestra ce l'ho già pronta. Mi metto naturalmente in una posizione di cura, di attenzione, di presenza.

**Quando c'è una persona che dipende da te, ecco la palestra.**

Per questo anch'io ho un master. Perché maam è stare nel presente. E io, senza essere genitore, voglio stare nel presente, voglio inventare qualcosa di nuovo.

E poi credo che leadership materna significhi riunire, e quello che cerco di fare con la mia vita e con il mio lavoro è riunire le cose che abbiamo per troppo tempo diviso. Per esempio il lavoro e l'amore, la forza e la fragilità, il maschile e il femminile.

Iniziando a scrivere il libro mi sono chiesto: "Devo scrivere di una cosa di cui non so direttamente?". Ma, proprio perché io non sono padre, scrivere di una cosa di cui non ho esperienza diretta mi ha spinto a cercare dentro di me cosa di quell'esperienza mi appartiene.

**E, se trovi quello che appartiene a te, allora sei nella posizione migliore per raccontarlo a tutti... in un modo che non escluda nessuno.**

Quanti master hai?
Vai su **www.maternityasamaster.com**
e potrai scaricare il tuo diploma!

## GRAZIE

A tutte le persone che hanno reso possibile maam e questo libro, che ci hanno supportato, sopportato, esortato, abbracciato e aspettato... rendendoci più forti.
Al team di Inspire: ad Anna, Roberta, Daria, Daniela, Annamaria, Sara.
A Carlo, papà di Piano C, a Raffaele, che tiene insieme tutto, e a Mauro, che ha fatto prendere due master a Riccarda.
A tutte le donne meravigliose che abbiamo conosciuto e intervistato.
Alle blogger, alle filosofe, alle attiviste. Alle donne e agli uomini che lavorano tutti i giorni, che pensano, scrivono, incontrano e insistono nel voler avere uno sguardo sulla realtà più luminoso, più inclusivo, più bello!
A chi amiamo ogni giorno dell'anno: figli, partner, genitori, amici... e molto di più.

# Indice

capitolo 1
Essere manager, e non saperlo — 7

capitolo 2
Facendo un passo indietro, anche una vita complicata
diventa più semplice — 35

capitolo 3
Maestra di sentimenti e di alleanze — 63

capitolo 4
La leadership materna è proprio
quella che serve oggi — 103

capitolo 5
Crescerli perché siano più forti di noi — 135

capitolo 6
L'uomo nuovo già esiste: liberiamolo! — 159

conclusioni
Riccarda, la maternità, Andrea, il master.
O viceversa? — 179

grazie — 187